ÉTUDE

SUR

L'OCTROI DE MER

A LA GUADELOUPE
A LA MARTINIQUE ET A LA RÉUNION

THÈSE POUR LE DOCTORAT

Présentée et soutenue le Lundi 9 Décembre 1912, à 4 h. 1/2

PAR

André SOUPLY

Président :   M. LESEUR.
Suffragants :   MM. DESCHAMPS, PERREAU,   *professeurs.*

PARIS

LIBRAIRIE NOUVELLE DE DROIT ET DE JURISPRUDENCE

ARTHUR ROUSSEAU, ÉDITEUR

14, RUE SOUFFLOT ET RUE TOULLIER, 13

1912

THÈSE

POUR LE DOCTORAT

UNIVERSITÉ DE PARIS. — FACULTÉ DE DROIT

ÉTUDE

SUR

L'OCTROI DE MER

A LA GUADELOUPE

A LA MARTINIQUE ET A LA RÉUNION

THÈSE POUR LE DOCTORAT

L'ACTE PUBLIC SUR LES MATIÈRES CI-APRÈS

Sera soutenu le Lundi 9 Décembre 1912, à 4 h. 1/2

PAR

André SOUPLY

Président :   M. LESEUR.

Suffragants : { MM. DESCHAMPS, PERREAU, } professeurs.

PARIS

LIBRAIRIE NOUVELLE DE DROIT ET DE JURISPRUDENCE

ARTHUR ROUSSEAU, ÉDITEUR

14, RUE SOUFFLOT ET RUE TOULLIER, 13

1912

INTRODUCTION

Les Colonies sous le régime du Pacte Colonial. — Les entraves
  apportées au développement du commerce colonial.
Les atténuations apportées au principe du privilège à l'importation
  de la Métropole.

> *Antilles* : Ordonnance 5 février 1826.
>   Loi 29 avril 1845.
> *Réunion* : Ordonnance 18 octobre 1846.

Dans l'extension de la liberté commerciale, les colonies cherchent le
  moyen de se procurer les ressources que nécessite leur *situation
  obérée* :

> Les atteintes portées au privilège des produits coloniaux sur le
>   marché métropolitain.
> Le sucre colonial et le sucre de betterave.
> L'abolition de l'esclavage. La question de la main-d'œuvre.

C'est ainsi qu'est apparu l'octroi de mer.

Entre toutes les questions coloniales, celle de l'octroi
de mer nous a semblé rester l'une des plus intéressantes
à étudier. Qu'on la désigne sous le nom de simple droit
d'octroi, d'octroi municipal ou d'octroi de mer, cette taxe
indirecte a vu s'élever à son sujet les discussions les plus
passionnantes qui, aujourd'hui encore, sont loin d'être
éteintes. Discussions, à cause des nombreuses variations
et fluctuations du régime politique, et surtout du régime

économique des colonies, à l'histoire desquels son histoire est intimement liée.

La situation particulière dans le monde de chacune de nos colonies, leurs conditions climatologiques, ethnographiques, leurs besoins personnels, exigent de ceux qui ont la charge de leur administration une hauteur de vue, une conscience et une saine compréhension de tous ces intérêts particuliers qui, au cours de ces derniers siècles, ne se sont pas toujours révélées avec la même acuité.

L'absolutisme, la rigidité des principes, la centralisation excessive risquent de conduire ici à de pernicieux résultats. Si différentes qu'aient été les circonstances, ce qui constituait une excuse peut-être, l'erreur était grande de ceux qui proclamaient « périssent les colonies, plutôt qu'un principe ».

Les événements sont toujours restés maîtres des hommes et les plus intransigeants d'entre eux ont toujours dû consentir à des palliatifs et à des atténuations qui ont compromis les principes. Mais, hélas, parfois les sacrifices étaient déjà subis et la ruine menaçait.

Aucun des régimes que la France a connus ne saurait d'ailleurs assumer seul la responsabilité d'un tel état d'esprit.

Aujourd'hui encore, malgré l'expérience acquise, malgré les perfectionnements apportés et les améliorations réalisées, les mêmes préjugés, les mêmes erreurs subsistent.

Nos Vieilles Colonies, dont depuis plusieurs siècles la

vie est liée à la nôtre ; qui ont donné des preuves d'inaltérable fidélité, ne reçoivent pas de la Métropole tous les égards auxquels elles auraient légitimement droit. C'est pour elles, que le nom de « département » devrait être substitué à celui de « colonie ». Mais l'attention semble se détourner d'elles pour se concentrer tout entière sur les nouvelles conquêtes, dont vient de s'enrichir le domaine colonial de la France. Elles deviennent trop abandonnées, non pas à elles-mêmes, mais à une administration, qui constitue un de ces trop nombreux rouages, intermédiaires entre les colonies et le ministre. Ce sont ces rouages qui obscurcissent la vision de ceux qui regardent de la Métropole, et qui, conséquemment, voient mal.

Bureaucratie, fonctionnarisme, mal dont nous souffrons déjà ici ; péril redoutable quand il s'agit des colonies. Introduction de certaines mœurs politiques qui détournent les esprits des préoccupations purement économiques ; qui ont fait naître, au nom d'intérêts personnels habilement exploités, des rivalités et des haines entre des gens dont les intérêts sont communs ; qui engendrent, à l'heure actuelle, un état de lutte continuelle, lorsque surtout la question de couleur est criminellement soulevée ; qui, anémiant les énergies, jetant le découragement parmi les commerçants et les planteurs, risquent, pour de longues années, de faire perdre à nos Vieilles Colonies le bénéfice de la situation exceptionnelle et privilégiée qui est la leur sous le firmament.

Le remède à coup sûr (est-ce une utopie ?) serait à la

tête du département des colonies un organe indifférent à toutes les crises de gouvernement, aux brusques fluctuations des combinaisons politiques ; un administrateur pouvant acquérir avec le temps des vues suffisantes sur le domaine à lui soumis ; pouvant porter librement son attention sur les points où elle serait jugée nécessaire, et pouvant prendre en connaissance de cause des décisions mûrement réfléchies auxquelles une application énergique saurait donner toute leur efficacité.

Un autre remède sans doute, qu'un séjour prolongé dans une de nos plus jolies colonies nous fait ardemment souhaiter serait la suppression de la Représentation coloniale.

Ce n'est certes pas ici l'endroit d'approfondir de telles questions, mais de leurs solutions dépend l'avenir compromis de notre domaine colonial.

Le commerce reprendrait confiance et ne demande qu'à se développer ; la production des denrées coloniales ne saurait qu'en profiter ; la magistrature coloniale, plus stable, retrouverait son prestige et donnerait toutes garanties aux citoyens.

Nos vieilles colonies n'ont jamais cessé de protester, de lutter au cours du xix⁰ siècle, contre tous les errements dont elles avaient gravement souffert. Leur amour pour la France ne s'est jamis démenti un seul instant, et parmi celles qui nous ont été brutalement enlevées pendant les guerres avec l'Angleterre, les sentiments sont toujours restés aussi vifs envers nous. Nous n'en voulons pour exemple que l'île Maurice (sous notre occupation Ile de France), où le patriotisme français des Créoles n'a jamais diminué d'ardeur. C'est d'ailleurs un remarquable trait d'administration coloniale que le libéralisme qu'affecte l'Angleterre à leur égard. La fête du 14 juillet, à l'Ile Maurice, est célébrée chaque année sous la Présidence du Gouverneur anglais.

Les protestations, les pétitions furent adressées, à de nombreuses reprises, par les Conseils élus des Vieilles Colonies contre le régime auquel elles étaient soumises.

En 1861, les colonies virent leurs efforts couronnés enfin de succès. La loi des 3-9 juillet 1861 détruisait le régime connu sous le nom de *Pacte Colonial* auquel, pendant deux siècles, avaient été soumises les colonies. Il est vrai que ce régime avait déjà subi depuis longtemps de nombreuses modifications qui l'avaient rendu caduc. Ainsi en est-il de tous les principes, même les plus absolus.

Les théories mercantilistes étaient la base du « système protecteur » dont l'application commencée par Richelieu prend tout son développement avec Colbert. Les préjugés de son temps, qu'il ne faisait que suivre, n'étaient d'ailleurs pas particuliers aux Français, et, dès le xvi° siècle, l'Espagne et le Portugal s'étaient fait la même conception du commerce extérieur. Ce sont les mêmes principes qui se retrouvent encore en Angleterre dans « l'Acte de Navigation » de 1651, sous Cromwell.

Les manufactures étaient en grand honneur et c'est la défense de leurs intérêts seule, qui était l'objectif du Système Protecteur. Diminuer les importations de marchandises, diminuer par cela même les sorties de numéraire ; augmenter les exportations et en même temps, les entrées de numéraire : C'était, aux yeux des mercantilistes, assurer l'équilibre de la Balance du commerce, assurer la prospérité et la richesse de l'Etat par l'accroissement de son encaisse métallique. « La Balance des comptes » a rectifié depuis l'erreur de « la Balance du commerce ».

Il est évident que pour le succès de cette doctrine, les colonies formaient une précieuse ressource. Le souci n'était point, par elles, de fortifier la puissance politique de la France. Mais elles constituaient une source importante de richesses et on les considérait comme de « grandes fermes » dont le rapport ajoutait à la fortune de la France. L'arrêt du Conseil du 24 juillet 1708, « retire la permission d'exporter en droiture des colonies à l'étranger, parce qu'elle amenait des abus et causait une diminution dans les produits des droits de la *ferme* ».

Les colonies constituaient « une sorte de service public » (1).

Les matières premières qu'elles produisaient, il fallait en assurer l'entrée en France, d'où elles repartaient manufacturées, augmentées de valeur. D'où cette conséquence que les colonies ne pouvaient être autorisées à travailler elles-mêmes les produits de leur sol, que les industries n'y pouvaient être tolérées.

(1) Armauné. *Le Commerce extérieur et les tarifs de douane*, p. 4.

D'autre part, il fallait obliger ces mêmes colonies à employer dans la métropole même le produit des matières premières importées et à y acheter tous les produitsdont elles avaient besoin. Aucun argent ne sortait alors de la métropole et la réserve métallique s'accroissait de celui que les achats des colonies y laissaient.

Le but était atteint, si, à toutes ces prohibitions, s'ajoutait celle du commerce des Colonies avec l'Etranger, qui ne pouvait ni en exporter ni y importer aucune marchandise, dont le pavillon même devait être exclu du commerce entre elles et la Métropole. C'est le « Système de l'Exclusif » dans toute sa rigueur.

C'est l'esprit du Règlement du 10 juin 1670 qui porte « défense aux bâtiments étrangers d'aborder dans les ports des colonies, et aux habitants desdites colonies de les recevoir, à peine de confiscation ».

« Et, connaissant combien il est important de conserver en entier, dans la main de ses sujets, ce commerce et cette navigation »... Sa Majesté « estime nécessaire de renouveler ses premiers ordres » — « sur ce qui lui a été représenté ..... que les différents mouvements et désordres que la guerre a causés ont fait trouver aux étrangers les moyens de s'introduire dans les colonies, en sorte que la plupart des marchandises qui y ont été envoyées n'ont pu être vendues, et les bâtiments français ont été obligés d'y faire un séjour considérable pour prendre leurs chargements. » (Règlement royal du 20 août 1698).

L'arrêt du Conseil précité du 24 juillet 1708, l'ordonnance du 26 novembre 1719, le Règlement royal du 23 juillet 1720, et l'instruction royale du 20 août 1726 ne font que renouveler la même prohibition. Et le préambule de l'arrêt de 1767 s'exprime encore ainsi : « Sur ce qui a été représenté au roi que les îles et colonies françaises formaient la branche la plus importante du commerce du royaume, mais qu'elles n'étaient véritablement utiles que par la prohibition du commerce et de la navigation des étrangers dans lesdites îles et colonies..... »

Il est vrai, par contre, qu'un privilège était accordé aux colonies, en ce qui concerne l'importation dans la Métropole des denrées coloniales. Celles provenant des colonies étrangères étaient prohibées. Ce qui a pu faire dire à certains que « le Pacte colonial » était un ensemble de privilèges réciproques. Bien petit celui des colonies en face de ceux de la Métropole ! D'autant que délivrés de la concurrence de leurs rivaux étrangers, les produits coloniaux français pouvaient être taxés à leur entrée dans la métropole.

Ce fut le temps des grandes compagnies de navigation créées sous Henri IV, Richelieu et Colbert, et qui étaient investies du monopole du commerce dans des régions déterminées. Elles ont rendu d'ailleurs à la cause de leurs pays des services inestimables en installant des comptoirs dans des régions éloignées où nul navire français n'avait encore abordé, en nous ouvrant des débouchés nouveaux, et en faisant flotter le pavillon français sur des contrées qui ont enrichi notre domaine colonial. Leur œuvre n'a point encore complètement disparu et les constructions qu'elles ont établies n'ont point subi les ravages du temps. C'est ainsi qu'en bien des endroits, à la Réunion notamment, les bureaux de l'administration sont encore installés dans l'hôtel de la Compagnie des Indes. (Hôtel de Ville à Saint-Paul, bureaux de la Douane à Saint-Denis, etc.).

L'application d'un principe aussi absolu que celui de l'exclusif ne pouvait être facilitée que par un état de paix durable qui permît des relations permanentes entre les Colonies et la Métropole. Au milieu des guerres qui mirent aux prises aux XVIIe et XVIIIe siècles la France et l'Angleterre pour la maîtrise de la mer, les Colonies pouvaient être réduites aux plus dures nécessités qu'engendraient les difficultés et même l'impossibilité des communications. Cette préoccupation se manifeste déjà dans le Règlement Royal du 20 août 1698 précité.

L'Edit de décembre 1674 supprime la Compagnie des Indes occidentales fondée en mai 1664 et dont le privilège, sur la côte d'Afrique, ne s'étendait que du Cap Vert au Cap de Bonne-Espérance.

Mais l'Edit de mai 1719 donne privilège, à la Compagnie des Indes, à la Louisiane, au pays des Illinois, à la région comprise entre le Rio Grande et le Détroit de Magellan, toutes les mers du Sud depuis ce détroit, toutes les mers des Indes Orientales *depuis le Cap de Bonne-Espérance*, la Mer Rouge, l'Océan Indien, la Perse, le Mogol, le Siam, la Chine et le Japon.

De France, elle ne pouvait emporter que les marchandises métropolitaines ou celles qui avaient été francisées par le payement des droits.

Mais dans toute l'étendue de son privilège, elle pouvait charger des marchandises pour les négocier d'un endroit à un autre. C'est ainsi « qu'elle les introduisait en partie dans les comptoirs de l'Inde, où étaient centralisés ses retours, et aux Iles de France et de Bourbon, où devaient être visés les passeports délivrés à ses vaisseaux au départ de France. Dans cette partie, l'Exclusif n'atteignait donc que les marchandises étrangères européennes (1).

Première atteinte au privilège de la Métropole en ce qui concerne l'importation dans les colonies des seules marchandises métropolitaines. Il est vrai qu'elle ne pouvait songer à leur fournir certaines denrées ou marchandises qu'elle ne produisait pas et qui étaient d'un besoin courant aux colonies, telles que les soieries et les toiles bleues de l'Inde.

Les Lettres patentes d'octobre 1727, confirmant celles d'avril 1717, sur le commerce des Antilles, et rendues communes au Canada par arrêt du Conseil du 11 décembre 1717, permettent : l'importation aux Antilles des viandes salées d'Irlande, mais par navires français chargés dans les ports de France.

Tandis qu'au Sénégal c'est l'exclusif absolu, des tem-

(1) Arnauné. *Op. cit.*, pp. 43 et 44.

péraments sont apportés au système de l'Exclusif aux postes de Guinée, qui étaient plutôt des Comptoirs que des Colonies. On courait le risque en effet de voir, avec de rigides prohibitions, les traitants indigènes porter vers les Comptoirs étrangers voisins les esclaves, la poudre d'or, la gomme et l'ivoire.

Puis survint la Paix de Paris : nous perdons une grande partie de notre domaine colonial et seuls nous restent : St-Pierre et Miquelon, La Guadeloupe, La Martinique, Ste-Lucie, la partie Ouest de St-Domingue, La Guyane, Gorée sur la côte du Sénégal, Ile de France, Ile Bourbon, Pondichéry, Karikal, Chandernagor, et les Comptoirs du Bengal. L'application des Règlements devient impossible et dès 1763 des exceptions sont apportées : c'est ainsi qu'interviennent les deux arrêts au Conseil du 29 juillet 1767 et du 1er avril 1768, dont les dispositions furent étendues par un troisième arrêt du 30 août 1784.

«... Néanmoins, il était devenu indispensable de procurer à ces colonies le moyen d'avoir quelques marchandises de première nécessité que le commerce de la France ne leur fournit pas et de déboucher plusieurs denrées inutiles à ce même commerce. » (Préambule de l'arrêt de 1767 précité.)

Des lettres-patentes du 1er mai 1768 donnent liberté entière du commerce à la Guyane avec toutes les nations et ce pour douze années. Cette liberté fut prorogée d'ailleurs jusqu'au 1er janvier 1792 par un arrêt du 15 mai 1784.

Quand, le 13 août 1769, le privilège de la Compagnie des Indes se trouve suspendu, « l'ensemble des commerçants français lui est substitué » (1). Les îles de France et de Bourbon et les établissements de l'Inde, conservent la faculté de s'approvisionner de marchandises au-delà du cap. Les îles de France et de Bourbon conserveront encore cette faculté, quand le privilège de la Compagnie des Indes sera renouvelé par l'édit du 14 avril 1785 qui ne les y comprend pas. Il sera d'ailleurs supprimé par les lois des 3 avril et 2 mai 1790. Liberté du commerce est donnée aux îles de France et de Bourbon d'Inde en Inde, sauf dans la mer Rouge, en Chine et au Japon, les produits de ces pays devant leur être fournis par la compagnie. L'exclusif n'atteint plus que le commerce étranger et les marchandises européennes étrangères.

« Cette colonie (île de France) fait venir sa vaisselle de Chine, son linge et ses habits de l'Inde, ses esclaves et ses bestiaux de Madagascar, une partie de ses vivres du cap de Bonne-Espérance, son argent de Cadix et... son administration de France (2). »

L'arrêt du Conseil du 30 août 1784 va plus loin encore. Il permet « aux *navires étrangers* du port de 60 tonneaux au moins, uniquement chargés de bois de toutes espèces, même de teinture, de charbon de terre,

(1) Arnauné. *Op. cit.*
(2) Bernardin de Saint-Pierre. *Voyage a l'île de France*, cité par Léon Deschamps.

d'animaux et bestiaux vivants de toute nature, de salaisons de bœufs et non de porcs, de morue et poissons salés, de riz, maïs, légumes, de cuirs verts en poils ou tannés, de pelleteries, de résines et goudrons, d'aller dans les seuls ports désignés à l'article précédent et d'y décharger et commercer lesdites marchandises ».

Il n'est en rien innové au système par la loi des 22 juin-17 juillet 1791 « sur les armements des vaisseaux destinés pour le commerce des îles et colonies françaises » ni par « l'*Acte de navigation* » du 21 septembre 1793.

Le 5 février 1826, Charles X rend une ordonnance qui commence ainsi :

« Voulant donner plus d'uniformité au régime commercial desdites îles, et en même temps étendre et faciliter leurs relations de commerce avec l'étranger en tout ce qui n'est pas contraire aux intérêts de la métropole, avons ordonné, etc.

Article premier. — A partir du 1ᵉʳ juillet de la présente année, il sera permis aux navires, *soit nationaux*, *soit étrangers*, d'importer dans les deux îles de la Martinique et de la Guadeloupe, mais seulement dans les ports qui seront ci-après désignés les diverses denrées et marchandises *étrangères* énumérées dans les tableaux annexés sous les numéros 1 et 2 de la présente ordonnance.

Article deuxième. — Les seuls ports où lesdites denrées et marchandises pourront être importées sont :

Pour la *Martinique* : Saint-Pierre, Fort-Royal, Trinité.

Pour la *Guadeloupe* : Basse-Terre et Pointe-à-Pitre.

Le tableau n° 1 visé à l'article premier contient 17 articles soumis à des droits différents à l'entrée dans la colonie. Ce sont surtout des produits et marchandises de première nécessité, tels que : les animaux vivants, le bœuf salé, les légumes verts, la morue et autres poissons salés, le riz, le sel, le tabac, les bois de toutes sortes, le charbon de terre, les fourrages, les fruits de table, les graines potagères, etc.

Les 39 articles du tableau n° 2 sont soumis à un droit d'entrée uniforme de 0 f. 05 par 100 kilos et comprennent des produits de toutes espèces, parmi lesquels : la girofle, la muscade, l'or et l'argent, le cuivre brut, les peaux sèches et brutes, le poivre, le quinquina, les racines, la vanille, etc.

Les deux tableaux de la loi du 29 avril 1845, spéciale aux Antilles, comprennent *61* marchandises étrangères dénommées, celles de grande consommation dans le premier, celles d'un moindre usage dans le second.

La nomenclature s'élargit dans la loi du 18 octobre 1846, spéciale à la Réunion, et qui y permet l'importation de *216* espèces de marchandises étrangères, divisées en 4 catégories : dans la première, les denrées alimentaires, les boissons, les tissus, les objets d'habillement, les matériaux de construction ; dans la deuxième, les objets de Chine ; dans la troisième, les marchandises venant de Pondichéry et des autres colonies ou établissements français ; dans la quatrième, les produits naturels de l'Inde. »

Depuis lors, de nombreuses exceptions ont encore été

apportées par le décret du 31 janvier 1855, pour les vins ;
par le décret du 10 mars 1855, pour les viandes salées ;
par le décret du 30 janvier 1856, confirmé par la loi du
18 avril 1857, pour certaines marchandises de Pondichéry
et de l'Inde Française, pour les animaux propres à la
reproduction et le tabac (spécialement dans les Antilles) ;
par le décret du 16 août 1856, pour les mules et mulets ;
par les lois du 24 juillet 1860, pour le froment, le maïs,
les légumes, les farines et le riz ; par le décret du 29 septembre 1860, pour les machines et mécaniques de provenance étrangère, servant à l'exploitation des sucreries.

Ainsi s'évanouissait le rêve de ceux qui avaient pensé
pouvoir réserver le marché colonial aux produits de la
Métropole. Sous la pression des événements et du temps,
des modifications et des exceptions s'étaient introduites
qui rendaient illusoire le Privilège à l'importation né du
« Pacte colonial ».

Il serait en vérité intéressant de rechercher aussi exac-
tement les atteintes portées au « Système de l'Exclusif »
dans ses autres modalités. Mais nous sommes limités par
l'objet de cette étude et nous avons voulu nous borner au
régime des importations dans les colonies. C'est, en effet,
au cours de ses variations qu'est né « l'Octroi de Mer »
qui y a trouvé sa première cause d'application ; nous le
verrons par ailleurs.

Quoi qu'il en soit, les autres principes du Pacte colonial : transport des produits coloniaux sur le marché métropolitain ; attribution exclusive à la marine métropo-

litaine de tous les transports des colonies à la Métropole, de la Métropole aux Colonies, des Colonies entre elles ; privilège des produits coloniaux, tous se sont vus battus en brèche par l'introduction de nombreuses exceptions. Le système était bien compromis, lorsque la loi du 3 juillet 1861, vivement réclamée par les Colonies, vint leur donner la liberté du commerce, sous tous pavillons.

Les Colonies avaient beaucoup souffert du Pacte colonial, qui cependant semblait leur assurer quelques avantages. Mais ceux-ci avaient disparu peu à peu par suite des atteintes portées au privilège des produits coloniaux sur le marché métropolitain. La situation des colonies s'était trouvée subitement embarrassée, et c'est dans la recherche des ressources qui leur manquaient, qu'est apparue la taxe qui fait l'objet de cette étude.

En effet, le café, le cacao, le girofle, la vanille et le tafia, qui étaient alors à peu près les seuls produits de quelque importance venant des colonies, ne jouissaient plus guère d'une grande protection à l'égard des similaires étrangers, à la suite des remaniements apportés aux tarifs de la Métropole. En 1860, le taux de protection n'était plus que de 12 francs par 100 kilos pour le café ; 5 francs, pour le cacao ; 70 francs, pour les clous de girofle ; 18 francs, pour les griffes de girofle ; 25 francs, pour le tafia. Il s'élevait à 250 francs pour la vanille. Mais si ces chiffres paraissent encore quelque peu élevés, il faut tenir compte dans l'appréciation de l'efficacité de la protection du prix de revient de ces produits dans nos colonies, comparé à leurs prix de revient dans les autres pays producteurs. La différence alors serait moins sensible.

Mais surtout, le vrai produit colonial, c'était et c'est encore le sucre. Pendant le blocus continental, la culture de la betterave s'était introduite en France et grâce aux progrès de la chimie moderne s'était rapidement développée. De 3.500.000 kilogrammes à la fin de l'Empire, la production était passée à 9 millions en 1831, à 19 millions en 1833. En 1836, e'le atteignait 50 millions. Concurrence redoutable et désastreuse pour le sucre colonial dont les débouchés se trouvaient limités et diminuaient progressivement en raison des prohibitions du Pacte colonial.

Une légère exception avait été apportée par un arrêté du gouverneur de la Réunion, du 11 septembre 1817 (article 10) : Les sucres peuvent être exportés à l'étranger, moyennant un droit de 12 0/0 dans le cas exceptionnel « où les *bâtiments français* sur rade ou ceux dont l'arrivée prochaine serait signalée ont leur chargement assuré. »

Les lettres-patentes en forme d'Edit d'octobre 1727 permettent l'exportation des sucres terrés et raffinés des Antilles pour les ports *d'Espagne* par *navires français*.

Exception illusoire par son peu d'efficacité. La loi du 28 avril 1816 frappait les sucres étrangers d'une surtaxe de 33 0/0, et les sucres coloniaux d'un droit d'entrée en France de 45 fr. par 100 kilos.

L'importation des sucres raffinés était interdite (lois 7 juin 1820 et 27 juillet 1822).

Le sucre de betterave, lui, n'était pas imposé. Les primes de sortie des sucres raffinés furent bien abaissées par les lois du 26 avril 1833 ; et la loi du 18 juillet 1837 taxe le sucre de betterave d'un droit de 15 fr. par 100 kilos qui fut porté à 25 francs par la loi du 3 juillet 1840.

La loi du 21 août 1839 dégrève le sucre colonial de 13 fr. 20 les 100 kilos, puis, en 1843, tous les deux sont soumis aux mêmes taxes.

En 1851, en résumé, le sucre colonial français jouissait d'une protection variant de 6 francs à l'égard du sucre indigène, à 32 francs à l'égard des sucres étrangers suivant la provenance et le pavillon transporteur.

Après le décret du 27 mars 1852, qui augmente la protection, et les lois du 28 juin 1856, 23 mai 1860, le décret du 16 janvier 1861, qui la diminuent, la protection n'était plus, tant à l'égard du sucre indigène que du sucre étranger, que de 3 francs pour les sucres des Antilles et de 6 francs pour les sucres de la Réunion. Encore cette situation devait-elle cesser au 30 juin 1865, date à laquelle toute surtaxe devait être abolie.

Entre temps, un événement important était survenu qui porta un coup terrible au commerce colonial.

Un décret du Gouvernement Provisoire du 27 avril 1848 abolit l'esclavage dans les colonies. Ce fut dans les plantations un véritable cataclysme. Il s'ensuivit peu après la liquidation générale des propriétés. Les ateliers furent désertés par leurs ouvriers naturels qui durent être remplacés par des émigrants. Et dès lors se posa, avec le renchérissement de la main-d'œuvre, la question de l'émigration, qui aujourd'hui encore reste angoissante pour nos vieilles colonies. Rien ne peut mieux donner la preuve de la situation lamentable dans laquelle elles se débattaient, quand on sait qu'en 1861 la dette respective de chacune de nos colonies s'élevait à :

> 71.035.368 fr. pour la Martinique.
>
> 57.457.168 fr. pour la Guadeloupe.
>
> 59.898.972 fr. pour la Réunion.

Jusqu'en 1861, les plaintes et les récriminations se sont succédé sans interruption. « Privés que nous avons été jusqu'à ce jour de moyens d'échange avec les pays étrangers, producteurs de vivres, tout notre numéraire disparaissait du pays et les crises monétaires se renouvelaient périodiquement avec plus ou moins d'intensité » (1).

C'est au milieu de toutes ces circonstances que les colonies ont dû rechercher elles-mêmes des ressources nouvelles. Les améliorations que le progrès moderne leur faisait un devoir de rechercher, les nécessités nouvelles qu'il leur imposait, grevaient lourdement le budget des communes.

C'est ainsi qu'est apparu l'octroi de mer. En 1861, trois des vieilles colonies, la Martinique, la Guadeloupe, la

(1) *Le Moniteur de la Réunion*, mai 1861.

Réunion, en avaient déjà adopté le principe, chacune à une époque différente, mais dans les mêmes conditions. Le processus de cette nouvelle taxe sera d'autant plus facile à revivre qu'il nous a été loisible de parcourir les Archives de la Réunion, assez complètes. Leur lecture offre un intérêt d'autant plus grand que leurs assemblées élues ont toujours été remarquablement composées, et que les débats qui s'y livrèrent uniquement sur des questions économiques éclairent d'un rayon singulièrement récon-fortant l'histoire des colonies.

Nous avons voulu limiter nos recherches aux trois colonies de la Guadeloupe, de la Martinique et de la Réunion, parce que, comprises avec la Guyane sous le nom de « Vieilles Colonies », elles ont toujours fait l'objet de la part de la Métropole d'une législation spéciale, tant au point de vue économique qu'au point de vue politique.

L'histoire retracée de l'octroi de mer nous amènera alors à rechercher son véritable caractère qui n'a jamais été entièrement défini et qui a prêté à de longues et passionnantes discussions, sur lesquelles dès maintenant nous ne voulons pas anticiper.

CHAPITRE PREMIER

L'OCTROI DE MER AVANT 1866

A) Les Octrois métropolitains, source de revenus communaux. Impossibilité de leur fonctionnement aux colonies.

La législation des octrois n'a pas été promulguée aux colonies, notamment le décret du 17 mai 1809.

La configuration topographique des colonies est un obstacle.

B) L'organisation administrative des colonies. Tendance à la décentralisation.

Réunion. — Ordonnance du 21 août 1825.

Guadeloupe et Martinique. — Ordonnance du 9 février 1827. La loi du 24 avril 1833. — Pouvoirs des gouverneurs.

C) Apparition de l'Octroi de mer.

Son application en Algérie. — Arrêté du 17 septembre 1830. — Ordonnance du 21 décembre 1844.

Guadeloupe. — Ordonnance 24 décembre 1825. A dater du décret du 20 septembre 1837, l'Octroi municipal fait l'objet d'un arrêté spécial.

Le tarif du 21 décembre 1847. La répartition du produit de l'Octroi de mer.

Arrêté du 12 novembre 1859.

Martinique. — Les conditions particulières dans lesquelles un octroi municipal y a été établi. Décrets coloniaux des 6 décembre 1836 et 18 janvier 1837.

Les droits d'octroi établis par ces décrets

> sont supprimés (Dépêche ministérielle 16 septembre 1837 et arrêté du 11 novembre 1837).
> Le décret du 29 décembre 1837. Arrêtés du 20 novembre 1839 et du 22 avril 1841.
>
> *Réunion.* — Arrêtés du 13 décembre 1850 et du 15 octobre 1851. La bière et les rhums du pays sont seuls frappés parmi les produits coloniaux.
> Arrêté du 30 octobre 1861. Il supprime tous les produits dont les *similaires* du pays ne peuvent être atteints.

Les communes de France disposaient, pour couvrir les dépenses qui leur étaient imposées, de ressources nombreuses et variées. Elles avaient même fait l'objet de la loi du 11 frimaire an VII (1er décembre 1798) qui avait « déterminé le mode administratif des recettes communales et municipales » et, dans son article 7, les avait nettement énumérées.

Les recettes communales se composent :

1° Du produit des biens communaux susceptibles de location ;

2° De celui des biens communaux, qui, ne faisant pas partie de l'affouage distribué en nature, sera susceptible d'être vendu ;

3° De celui de la location des places, dans les halles, les marchés et chantiers, sur les rivières, les ports et les promenades publiques, lorsque... ;

4° Enfin de la quantité de centimes additionnels aux contributions foncière et personnelle qu'il sera jugé nécessaire d'établir pour compléter les fonds des dépenses communales...

Et l'article 10 ajoutait :

« Si ce maximum ne suffisait pas pour couvrir la totalité des dépenses municipales et communales réunies, il y sera pourvu par l'établissement de taxes indirectes et locales dans la forme et d'après les principes qui seront établis ci-après... »

La loi du 9 germinal an V s'était déjà à peu près exprimée ainsi dans son article 6. C'est ainsi qu'apparaissent les *octrois* :

A *Paris*, octroi *municipal et de bienfaisance* établi par le Conseil des Anciens (résolution du 24 vendémiaire et loi du 27 vendémiaire an VII - 18 octobre 1798).

Au *Havre* (6° jour complémentaire, an VII - 22 septembre 1799).

A Toulouse (2 vendémiaire an VIII) ; à Courtrai, Reims, Metz, Lille, Calais, Fontenay-Le-Peuple, Limoges, Epinal (27 frimaire an VIII), à Bordeaux (23 floréal an VII), etc., etc.

La matière de l'octroi ne sera cependant vraiment réglementée que par le « Décret du 17 mai 1809 » relatif aux octrois municipaux et de bienfaisance.

Ainsi donc, se mouvant dans le cadre assez large que la législature leur avait réservé, les communes métropolitaines pouvaient faire face à tous leurs besoins, en se conformant aux règlements administratifs en vigueur. Il semble en vérité que les mêmes règles eussent pu facilement s'appliquer aux communes des colonies et que ces dernières eussent pu trouver dans l'ensemble des lois métropolitaines, le moyen qu'elles recherchaient de se procurer des ressources.

Il est vrai qu'elles ne pouvaient trouver dans l'article 10 de la loi du 11 frimaire an VII une source sûre de revenus, surtout en ce que visaient ses trois premiers alinéas.

Quant aux centimes additionnels, la contribution foncière et non bâtie n'existe pas dans les vieilles colonies, parce qu'elle ne peut s'y établir en raison même de leur configuration particulière dont nous aurons à reparler. Elle y est remplacée par un droit de sortie sur certaines marchandises et dont le produit appartient au budget local.

Et il n'est peut-être pas inutile de montrer ce que pouvaient être les ressources municipales, en prenant un exemple typique à la Guadeloupe.

Pour 1829 :

Basse-Terre.

30 0/0 du produit de la capitation des esclaves.

50 francs par cheval et mulet de trait.

5 francs par ligne d'eau des fontaines particulières.

20 0/0 sur l'imposition locative des maisons.

Restaient donc les taxes indirectes supplémentaires introduites déjà dans la métropole, et entre autres l'octroi.

Mais les lois et règlements concernant l'octroi, et en particulier le décret du 17 mai 1809, n'étaient pas applicables aux colonies, n'y ayant jamais été promulgués. C'était en tout cas une lacune, qui s'est fréquemment répétée depuis lors et que de fermes réclamations eussent pu combler.

La difficulté pour les colonies de suivre les mêmes règles qu'en France n'était pas uniquement une difficulté née des textes. Elle était ailleurs, et plus irrémédiable. Les communes sur le continent forment en général des agglomérations compactes. Entre elles-mêmes et les « écarts » possibles (fermes, usines, châteaux) les communications sont aisées, et en l'absence même des barrières et des bureaux d'octroi, la surveillance est relativement possible et la fraude réduite à de minimes proportions. La perception est surtout facile, avec toute la réglementation qui est survenue.

Aux colonies, rien de pareil. Les habitations sont la plupart du temps clairsemées ; les délimitations des territoires, arbitraires. Les villages occupent des superficies très étendues, et les maisons de certains d'entre eux sont éloignées de vingt-cinq à trente kilomètres, juchées qu'elles sont, comme à la Réunion, sur le flanc des montagnes ou dans des vallées éloignées, d'un abord difficile.

La montagne est un obstacle aux grosses agglomérations et les habitants ne peuvent avoir, surtout à certaines époques de l'année, que peu de rapports avec le centre même de leur commune. Ils ne se rendaient à la ville que fort rarement et en emportaient, en échange, des produits de leur culture ou de leur industrie, les vivres et provisions nécessaires à leur subsistance pour un long laps de temps. Et par les sentiers détournés de la montagne, ils regagnaient « les hauts » directement.

En ces conditions, aucune perception possible au sein des communes ; aucune surveillance réalisable. Ailleurs comme à la Guadeloupe, des petits îlots détachés constituent un même obstacle.

Les côtes d'autre part sont peu abordables et les ports ouverts au commerce peu nombreux. La mer bat furieusement les rives et les éruptions volcaniques y ont laissé des dépressions considérables. C'est ainsi que de Sainte-Rose à Saint-Philippe, la route du bord de mer surplombe des fonds de 2.000 mètres, à la base même de la rive abrupte. Peu de plages, peu d'anses hospitalières. Ainsi pour la *Réunion*, trois ports sont ouverts : Saint-Denis, Saint-Paul, Saint-Pierre ; pour la *Guadeloupe* : Basse-Terre, Pointe-à-Pitre, Le Moule, Marie-Galante ; pour la *Martinique* : Saint-Pierre, Fort-Royal, Le Marin, Trinité.

C'est par ces seuls ports que passaient toutes les marchandises destinées soit à l'importation, soit à l'exportation. C'est là seulement que l'on pouvait les atteindre et les taxer. Mais les taxes qui les frappaient ne profitaient qu'au budget local pour les dépenses générales ; et elles ne pouvaient être établies que par le pouvoir métropolitain. Elles avaient été d'ailleurs peu nombreuses et peu élevées, en raison du privilège des marchandises métropolitaines sur le marché colonial et des exemptions dont elles bénéficiaient.

Pénurie des ressources municipales, impossibilité d'une part législativement et pratiquement d'appliquer les règlements de la métropole ; impossibilité d'autre part de l'établissement d'une assiette d'imposition. Seule, la promulgation d'une constitution régulière des colonies, étendant leurs pouvoirs ; seule aussi l'atténuation des rigueurs du pacte colonial ; un plus large développement du commerce pouvaient permettre aux colonies de se tirer de la fâcheuse situation qui était la leur.

L'histoire de l'octroi de mer commence en 1826. En réalité le mot lui-même ne sera prononcé qu'en 1830, lors de son établissement en Algérie. Mais un essai assez timide en avait déjà été tenté, à la Guadeloupe.

C'est en cette année 1826, qu'est rendue l'ordonnance royale du 5 février permettant l'entrée dans les Antilles d'un certain nombre de marchandises étrangères prohibées jusque là. Avec cette ordonnance, le commerce colonial allait prendre un plus grand développement, qui fournirait une base plus sûre d'impositions.

D'autre part, la Charte du 4 juin 1814 décidait dans son article 73 « que les colonies seraient régies par des lois et règlements particuliers ». Elle n'indiquait pas les cas dans lesquels les unes seraient exigées plutôt que les autres. Lois ou règlements? On ne se donna pas la peine d'ailleurs d'étudier la question et en fait on ne songea jamais à s'adresser au Parlement pour les colonies. C'est sous la forme « d'ordonnances » que furent rédigés les actes constitutifs qui les régissaient.

La première est celle qui concerne l'île Bourbon. Elle est du 21 août 1825, modifiée le 30 septembre 1827. Pour la Martinique et la Guadeloupe, c'est l'ordonnance du 9 février 1827, modifiée les 24 septembre, 12 et 29 octobre 1828. Pour la Guyane, c'est l'ordonnance du 28 août 1828, modifiée le 20 décembre de la même année.

Ces différentes constitutions étaient à peu près identiques. Elles organisaient le régime administratif des colonies et déterminaient les pouvoirs respectifs des différents organes établis par elles. Mais la charte de 1830, remédiant à l'imprécision de celle de 1814, avait spécifié dans son article 64, que « les colonies seront régies par des lois particulières ».

C'est ainsi qu'est intervenue la loi du 24 avril 1833, sur le régime législatif des colonies et applicable aux vieilles colonies : Martinique, Guadeloupe, Bourbon, Guyane. Désormais la même législation leur sera appliquée. L'unification est faite. Mais les ordonnances particulières suivies de la loi de 1833 ne nous intéressent que par l'esprit de décentralisation qui les animait, et par les pouvoirs accordés aux différents organes des colonies, en ce qui concerne l'administration municipale.

Nous nous expliquons facilement dès maintenant que

les colonies aient profité des libertés qui leur étaient désormais reconnues et que rendaient plus efficaces les mesures tendant au développement de leur commerce extérieur.

En réalité, nous l'avons déjà dit, c'est en Algérie que pour la première fois apparaît le nouveau vocable d'octroi de mer.

Le 5 juillet 1830, la capitulation d'Alger est signée par Hussein-Pacha et le comte de Bourmont. Quelques semaines après, le 9 août, le Président par intérim de la Commission du gouvernement, le général Tholozé, prend un arrêté remettant au Conseil municipal d'Alger les produits affectés aux dépenses de la ville.

Article Premier. — Demain 10 août 1830, à 10 heures précises du matin, la remise du Service de l'*Octroi* sera faite par le Directeur général des Douanes aux délégués du Conseil municipal.

Article cinq. — Le produit intégral de l'*Octroi*, sauf les frais d'administration et de perception, est spécialement affecté à pourvoir aux dépenses à la charge de la ville.

Le 17 septembre, l'Octroi de Terre est aboli et remplacé par un *Octroi de Mer* dont la perception est remise le 22 septembre, aux agents du Service des Douanes.

La notion de l'Octroi de Mer est encore imprécise. Son application est quelque peu confuse et, ce qui le constate, ce sont les changements qui vont se succéder. L'Octroi de Terre est rétabli le 21 mars 1831, sur les denrées apportées par les Arabes et la perception est confiée aux employés **des Douanes** jusqu'à la mise en adjudication.

Le 5 janvier 1835, **les droits** perçus à Alger sont étendus aux trois provinces ; l'octroi municipal est maintenu. Un nouveau tarif uniforme pour **toute** l'Algérie est réglé le 28 juillet 1842 pour l'*Octroi de Terre*, **qui** reste toujours en concurrence avec l'*Octroi de Mer*. Enfin le 24/31 décembre 1844, l'*Octroi de Terre* est purement supprimé. Il est remplacé par « un *Octroi municipal de Mer* ».

Article premier. — A dater du 1ᵉʳ avril 1845, il sera perçu *aux portes de Mer dans les villes du littoral* de l'Algérie un droit d'Octroi municipal sur les objets désignés au tarif ci-annexé.

Ce n'est donc plus une taxe particulière à la Ville d'Alger. Elle est désormais perçue à l'arrivée dans tous les ports ouverts au commerce, là où il est le plus aisé d'atteindre les marchandises qui se répandront ensuite dans l'intérieur, sans plus être inquiétées. C'est la première caractéristique de la nouvelle taxe.

L'article 2 constitue sa deuxième : « Le droit d'Octroi municipal sera perçu sur les objets dénommés au tarif, quels que soient l'origine, la provenance, le pavillon importateur et la destination en Algérie ».

Le tarif annexé à l'ordonnance du 21 décembre 1844, contient un nombre encore très limité de marchandises susceptibles d'être taxées. Ce sont en général des produits de grande consommation pouvant se décomposer en (1) :

(1) Duvergier, 1844, p. 743.

Boissons et liquides (6 articles) ; Vins ordinaires et de liqueurs, vinaigre, bière, cidre, poiré et hydromel ; eaux-de-vie et esprits, liqueurs.

Comestibles (21 articles) : sucre, café, chocolat, thé, conserves alimentaires, viandes salées, etc.

Combustibles (3 articles) :

Objets divers (2 articles) ; tabacs et savons.

Toutes les marchandises ci-dessus spécifiées sont soumises à la taxe, qu'elles soient françaises ou étrangères, qu'elles soient importées par navires français ou étrangers. Il n'y a aucun privilège, aucune exemption, sauf pour « les approvisionnements en vivres destinés pour le Service de la Marine » et à destination des bâtiments de l'Etat (1).

Sur le produit net de l'octroi, il est prélevé 10 0/0 au profit du Trésor, en conformité de la loi du 28 avril 1816 (2).

Troisième disposition caractéristique : la perception en est faite par les employés du service des douanes, dont les règlements sont applicables à l'octroi de mer, en ce qui concerne les déclarations, la mise en entrepôt, le contentieux, la liquidation des droits et le cabotage (3).

Mais le caractère essentiellement municipal que l'on voulait accorder à l'Octroi de mer n'est pas encore ap-

(1) Ord. 21-31 décembre 44, art. 3.
(2) Ord. précitée, art. 4.
(3) Ord. préc., art. 6 et 7.

paru. Aucun texte ne le détermine encore au début de son application, jusqu'à l'Ordonnance du 4 novembre 1848 qui règle l'Administration municipale et établit les revenus communaux.

Parmi les ressources ordinaires des communes, se trouve désormais « la part attribuée à chacune d'elles dans le produit de l'Octroi de mer » (1). C'est l'article 12 qui la détermine : « Le produit de cet Octroi, déduction faite du dixième revenant au Trésor, sera centralisé pour former un *fonds commun* applicable aux dépenses d'utilité communale et provinciale dans les proportions suivantes : pour les dépenses d'utilité communale, *les trois cinquièmes*; pour celles d'utilité provinciale, *les deux cinquièmes* ». La répartition des trois cinquièmes sera faite chaque année « *au prorata des besoins et des ressources comparées de chaque commune* »

Cette création d'un fonds commun, sera aussi envisagée par les vieilles colonies, mais soulèvera des difficultés qui la rendront impossible.

Le principe est posé en Algérie. La répartition de l'Octroi de mer ne subira que des modifications de détail; qui sont de deux ordres différents :

1° Dès 1854, la répartition n'est plus faite « *au prorata des besoins et des ressources* » — mais « au prorata *de la population* » « dont le chiffre peut seul présenter le double caractère de fixité et de certitude se prêtant le moins

(1) Ord. 4 nov. 1848, art. 10.

à l'arbitraire et à l'erreur. — Il s'agit d'autre part de droits prélevés sur la consommation et celle-ci ne saurait avoir dans chaque localité de mesure plus exacte que le chiffre de la population » (1).

L'arrêté tient compte d'autre part de ce que la consommation des objets importés et taxés est moindre dans les milieux *indigènes*, dont les besoins sont moins grands que ceux des Européens. Il ne compte la population indigène musulmane et israélite que pour *un dixième* de leur effectif réel.

Elle sera comptée plus tard pour *un huitième* dans les communes de plein exercice (Décret 18 août 1868); pour *un quarantième* dans les communes mixtes (Décret 19 janvier 1875). La circulaire du Gouvernement du 20 juillet 1888 établira une nouvelle distinction : 1/7 et 1/28 ; et le Décret du 23 décembre 1890, 1/8 et 1/40.

2° D'autres modifications s'appliquent à l'attribution aux communes. Il leur est réparti d'abord *sept dixièmes* au lieu des trois cinquièmes prévus dans l'Ordonnance du 4 novembre 1848. (Décision ministérielle 25 juin 1858); puis *huit dixièmes* (Décision ministérielle du 1ᵉʳ décembre 1858). Le prélèvement d'un dixième au profit du Trésor avait été réduit à 3 0/0 par le Décret du 3 juillet 1857.

3° Une autre innovation, plus importante, avait été décidée par le Décret Impérial du 11 août 1853. Le droit d'Octroi municipal n'est plus seulement perçu dans les

____

(1) Préambule de l'arrêté du 11 novembre 1854.

ports ouverts au commerce. Il frappe désormais, aux frontières de terre, les produits tunisiens et marocains, qui en seraient passibles à l'entrée par mer. Il atteint dans ces conditions les produits français et étrangers, arrivant par les ports de ces pays, puis entrant ensuite en Algérie sans avoir payé les droits.

Nous avons voulu rappeler l'établissement de l'Octroi de mer en Algérie, parce qu'en vérité c'est là que fut son berceau et parce qu'il y constitue le type que nous allons bientôt retrouver ailleurs, avec tous ses principes fondamentaux.

Si l'Octroi de mer est considéré comme étant apparu pour la première fois en Algérie, il semble qu'il se soit dès avant manifesté sous un autre nom à la Guadeloupe, Jusqu'en 1866, il n'y porte pas le nom d'*Octroi de mer*, mais seulement celui de *Droit d'octroi*. En réalité, nous retrouverons là-bas et ici les mêmes caractères.

Guadeloupe.

Dans l'impérieuse nécessité où elle était de se procurer des ressources, la Guadeloupe avait établi sur les denrées de sa colonie une taxe qui se percevait à la sortie de ces denrées. Elle avait été supprimée comme établie en violation des dispositions législatives, en particulier du décret du 24 septembre 1791 réservant au Pouvoir métropolitain les lois réglant les relations commerciales des colonies.

C'est en remplacement de ce *droit dit d'octroi* que le gouverneur de la Guadeloupe, le baron des Rotours, établit par son ordonnance du 24 décembre 1825 une nouvelle taxe. Elle devait être perçue à l'importation soit de France, soit des possessions françaises ou de l'étranger sur les marchandises et denrées énumérées au tarif annexé.

Comme peu d'années plus tard en Algérie, le *droit d'octroi* était perçu sans distinction d'origine ni de pavillon.

La nomenclature des produits taxés était d'ailleurs très réduite, en raison même des obstacles apportés au libre développement du commerce. Les droits étaient aussi peu élevés :

Farine de froment........	par baril.........	1 f.	»
Beurre....................	par fréquin......	0	50
Bœuf et porc salés........	par baril.........	1	»
	ou par 100 kg.....	0	50
Jambon...................	par 100 kg........	0	50
Vin......................	par barrique......	2	»
	ou par caisse de 12 bouteilles.......	0	25
Genièvre.................	par dame-jeanne..	0	20
	ou par litre.......	0	04
Bière .... 2 »	par barrique......	2	»
	par panier........	0	25
Tabac....................	par 100 kg.......	2	»

Le droit était perçu dans les ports ouverts au commerce et où devaient être débarquées exclusivement toutes les marchandises : Basse-Terre. Pointe-à-Pitre, Grand-Bourg, Marie-Galante, Le Moule.

La répartition se faisait entre ces différentes communes à l'expiration de chaque trimestre au prorata des *quantités de marchandises imposées.*

Le droit d'octroi était de plus perçu par le service des Douanes.

Il s'agit bien là d'un véritable Octroi de mer, dont à partir de 1838 la perception fait l'objet d'un arrêté spécial du gouverneur rendu en Conseil privé. C'est qu'alors la Guadeloupe a reçu sa constitution qui lui donne les pouvoirs étendus en ce qui concerne l'administration municipale. A la suite de la loi du 24 avril 1833, est intervenu le décret du 20 septembre 1837 sur l'organisation municipale. Son article 66 § 3 décide qu'il sera pourvu aux dépenses municipales, notamment au moyen « du produit des octrois légalement établis ». Dans l'esprit des administrateurs, gouverneur ou conseils municipaux, il s'agit bien d'un véritable octroi municipal analogue à celui établi en France, et laissé au pouvoir des colonies. C'est ainsi que les arrêtés des gouverneurs sont conçus dans les formes suivantes :

« Vu l'article 66 § 3 du décret colonial du 20 septembre 1837...

...Vu les délibérations des Conseils municipaux relatives à l'établissement des budgets communaux pour...

Sur la proposition du Directeur de l'Administration intérieure,

De l'avis du Conseil privé, avons arrêté, etc.

Toutes les formes paraissent avoir été respectées et la taxe régulièrement assise. A partir de 1838, le montant du droit d'octroi perçu dans les ports précités ouverts au commerce et qui était réparti entre ces différents ports, va être réparti entre les *différentes* communes de la Guadeloupe, de Marie-Galante, des Saintes et de la Désirade. Nous avons retrouvé cette même évolution en Algérie : C'est le procédé seul applicable en présence des difficultés de la perception de la taxe au sein de chaque commune. Il n'en est pas moins affecté aux dépenses particulières de chacune d'elles.

Dans l'arrêté du 21 décembre 1847, nous retrouvons une nomenclature plus élargie. Le tarif annexé comprend 51 articles. Il s'est ajouté : le saindoux, la chandelle ou suif, l'huile, le fromage, le riz, les pommes de terre, les légumes secs, les pâtes d'Italie, le maïs en grains, les fruits à l'eau-de-vie, les figues et raisins secs, les conserves alimentaires, le sucre raffiné, la parfumerie, les bois, les animaux vivants, etc. Les spécifications sont encore peu nombreuses et les tarifs peu élevés.

Le produit des droits d'octroi est réparti entre toutes les communes, *au prorata de la population libre.*

Une exception est faite en faveur de la commune de Saint-Martin qui conserve par devers elle la totalité des sommes perçues, au titre du droit d'octroi, dans son port.

C'est le chiffre de la population qui sera désormais choisi comme base de la répartition.

L'octroi de mer frappait surtout des produits de grande consommation, dont usaient relativement peu les indigènes et les esclaves. Ils avaient toujours trouvé dans les produits du sol de quoi satisfaire à leurs besoins, et, sur les propriétés, leur vie était exempte de tous soucis et de toutes dépenses. Il eut été injuste de faire profiter les communes de l'intérieur, où les propriétés se trouvaient nombreuses, des bénéfices tirés de la consommation des communes plus riches. C'est la notion « des besoins et des ressources » de chaque commune qui était au début à la base de la répartition de l'octroi de mer en Algérie. Base d'ailleurs difficile à déterminer et qui fut bientôt remplacée par le chiffre de la population. Il ne pouvait s'agir de la population totale, en raison des différents besoins des éléments qui la composaient. C'est ainsi qu'en Algérie, une distinction fut faite entre la population européenne et la population musulmane et israélite. La mesure fut plus radicale encore à la Guadeloupe où l'on ne tenait compte que de « la population libre » à l'exclusion des esclaves.

Mais, en 1848, la situation change ; l'esclavage est aboli. Il n'y a plus lieu à la même distinction, la base de répartition adoptée ne répond plus aux circonstances. Dans les ports ouverts au commerce, la consommation supporte, il est vrai, les droits d'octroi ; mais la caisse municipale bénéficie en outre de sa part dans leur répartition, d'autres taxes qui peuvent être établies et dont le produit y est versé entièrement : droits de quai, de stationnement, de débarcadère.

Les petites communes de l'intérieur, au contraire, sont moins favorisées. Elles ont leur part dans la répartition de l'octroi de mer ; elles sont dans l'impossibilité d'établir les autres taxes existantes. La consommation d'autre part subit la charge des frais de transport des différentes denrées de la mer à l'intérieur.

Les ressources sont moins élevées et en même temps les charges des consommateurs augmentent.

Aussi, en 1859, une autre base est-elle adoptée. Le produit des droits d'octroi « sera réparti au prorata de la *population imposable* recensée dans chaque commune, addition faite de l'effectif de la garnison et des immigrants qui s'y trouveront en résidence (1). »

De plus les communes dont la population recensée se trouvera inférieure à 1200 âmes figureront dans la répartition au prorata de ce nombre pris comme minimum (2).

L'addition des troupes et de la population immigrée dont la consommation est peu sujette aux droits, atténue les inégalités.

Le même arrêté du 12 novembre 1859 prévoit la création d'un *fonds commun de réserve*. La situation obérée ne permet pas l'exécution de tous les travaux nécessaires

(1) Arrêt 12 nov. 1859, art. 1er.
(2) Arrêt précité, art 1er, § 2.

et les cyclones et les tremblements de terre peuvent à certaines époques de l'année, causer d'importants dégâts qui ne sont point réparés. « Préalablement au partage, le *dixième* du produit à répartir sera prélevé pour servir à la formation d'un *fonds commun de réserve* destiné à faire face aux besoins extraordinaires des communes, tels que ceux pouvant résulter d'événements de force majeure et ceux relatifs aux travaux d'église, des mairies et autres édifices communaux. Le maximum du fonds commun de réserve est fixé à 600.000 francs. »

La création de ce fonds commun a été décidée dans les mêmes conditions en Algérie.

Ce qui est intéressant à retenir de cette première période, c'est que *l'octroi municipal* fut établi par un simple arrêté du gouverneur, agissant en pleins pouvoirs. Nous étions encore sous l'empire de la Charte de 1814. Les Constitutions qui la suivirent avaient déterminé les pouvoirs des gouverneurs et leur permettaient d'émettre les ordonnances annuelles de contributions et de rendre les rôles exécutoires. Ils exerçaient ces pouvoirs collectivement avec le Conseil privé et conformément aux décisions de ce Conseil (1). Après la loi de 1833, jusqu'en 1838, le tarif de l'octroi de mer était annexé aux décrets coloniaux sur les contributions de la colonie rendus en conformité de la loi du 24 avril 1833. Ces

(1) *Bourbon.* Ordonnance du 21 août 1825, art. 25, § 2 et art. 157. — *Guadeloupe et Martinique.* Ordon. 9 février 1827, art. 26, § 3 et art. 173. — *Guyane.* Ordon. 28 août 1828, art. 25, § 3 et art. 161.

décrets coloniaux étaient discutés et adoptés par le Conseil colonial, consentis par le Gouverneur et soumis à la Sanction du Roi. Néanmoins les gouverneurs avaient la faculté de les déclarer provisoirement exécutoires (1).

Mais depuis 1838, le mode de perception des droits d'octroi de mer faisait l'objet d'un arrêté spécial du gouverneur et n'était plus compris dans les décrets relatifs aux contributions. C'était la conséquence d'un décret colonial, sur l'organisation municipale, du 20 septembre 1837 et des dépêches ministérielles qui en réglèrent l'application.

Les *conseils coloniaux* sont supprimés par le décret du gouvernement provisoire du 27 avril 1848. Leurs pouvoirs sont concentrés entre les mains des *commissaires généraux* de la République, puis dans celles des gouverneurs qui statuent par arrêtés. Les conseils coloniaux seront remplacés par les *conseils généraux* par le senatus-consulte du 3 mai 1854.

En matière d'administration et de police, les gouverneurs conservent les pouvoirs, que ce senatus-consulte leur reconnaît après la loi du 24 avril 1833 (2). C'est ainsi qu'est rendu l'arrêté du 12 novembre 1859 précité sur la nouvelle répartition de l'octroi municipal.

---

(1) Loi 24 avril 1833, art. 4 et 8.
(2) Sén. Cons. 3 mai 1854, art. 9.

Martinique.

La taxe que nous désignons du terme général *d'octroi de mer* est apparue à la Martinique quelques années plus tard qu'à la Guadeloupe. C'est dans le décret colonial sur les budgets municipaux du 6 décembre 1836, rendu en conformité de la loi du 24 avril 1833, que nous trouvons la création d'un *octroi municipal* dans des conditions toutes particulières.

La colonie se trouvait dans une situation obérée. Pour se procurer des ressources, elle imagina le système suivant : elle se fit abandonner par les villes de Fort-Royal et de Saint-Pierre, et le bourg de la Trinité, ports ouverts au commerce, le produit de diverses taxes municipales dont ces derniers avaient profité jusque-là. La colonie eut pu cependant s'adresser au Pouvoir législatif de la Métropole, à qui était réservé le vote des lois sur le commerce extérieur des colonies et auquel elle aurait demandé l'établissement de nouveaux droits à l'importation, seuls productifs. Mais le Pouvoir législatif n'eut sans doute pas accepté. Nous étions alors sous l'empire du Pacte colonial. Un temps précieux eut été perdu. On trouva autre chose.

Les communes du bord de mer furent rançonnées. Mais en échange du sacrifice qui leur était imposé, il fut « créé à leur profit un *octroi municipal* sur divers articles à *l'importation* » (1).

(1) Décret 6 déc. 1836, art. 20.

Comme en Algérie, comme à la Guadeloupe, l'octroi ne commence donc qu'à s'appliquer à des communes nettement déterminées, aux ports ouverts au commerce, par où arrivent toutes les marchandises. Il n'est d'ailleurs réparti *qu'entre lesdites* communes. Les sommes perçues à la Trinité tombent entièrement dans sa caisse municipale ; celles perçues au Fort-Royal et à Saint-Pierre sont réparties : un tiers au profit de Fort-Royal ; deux tiers au profit de Saint Pierre.

Il n'est pas spécifié dans le décret du 6 décembre 1836 que l'octroi municipal ne sera perçu que sur des marchandises de telle ou telle provenance, ou transportées sous tel ou tel pavillon. C'est qu'il ne pouvait subsister alors aucun doute à cet égard après l'ordonnance du 5 février 1826 qui brisait les obstacles du pacte colonial. Comme dans les autres colonies, aucune distinction d'origine ni de pavillon n'était faite. Toutes les marchandises figurant au tarif étaient taxées.

Ainsi présentée, la taxe paraît conserver le caractère *municipal* qui lui est attribué. En réalité, c'est une taxe *locale* perçue par l'intermédiaire des ports ouverts au commerce. L'essai de *l'octroi municipal* fut d'ailleurs moins timide à la Martinique qu'à la Guadeloupe. Il suffit de comparer les deux tarifs ; nous avons rappelé celui de la Guadeloupe. Voici celui de la Martinique.

Vins de Bordeaux......	la barrique	2f. »
Vins de Provence	—	1 »

Vins de caisse.............	la caisse.............	0	50
Vins de Champagne....	la douzaine de bou-		
	teilles	2	»
Bière...................	la douzaine de bou-		
	teilles	0	25
Bière	la barrique...........	1	»
Conserves en boîtes....	la caisse.............	0	50
Savon........	—	0	15
Chandelles	—	0	15
Huile en panier.........	12 bouteilles........	0	25
Huile en cave..........	12 pobans...........	0	10
Bœuf salé.............	le baril de 100 kgs...	1	50
Jambons, saucissons et			
autres viandes salées..	les 100 kgs.........	3	»
Porc salé..............	les 100 kgs.........	2	»
Farine................	le baril..............	1	»
Beurre................	le fréquin,...........	0	50
Beurre en pot..........	les 100 kgs.........	2	50
Genièvre..............	dame-jeanne........	0	25
Tabac.................	100 kgs	2	»
Fromage de gruyère....	la pièce.............	0	50
Fromage de pâte grasse.	—	0	15
Sucre raffiné...........	les 100 kgs.........	4	»
Pâtes d'Italie..........	—	3	»
Cognac	les 100 litres........	3	»
Liqueurs en bouteilles,			
cruchons, flacons....	la caisse.............	0	10
Salaisons assorties......	—	0	25

Fruits à l'eau-de-vie....	la caisse............	0	50
Saindoux................	les 100 kgs.........	2	»
Légumes secs..........	l'hectolitre..........	0	25
Bougie, blanc de baleine.	le kg...............	0	30
Endaubages...........	le pot ou petit baril..	0	50
Raisins, pruneaux, figues, amandes............	les 100 kgs..........	5	»
Vinaigre..............	les 100 kgs..........	0	50
Chaux................	par tierçon..........	0	25
Tuiles, briques, carreaux.	le millier...........	0	75

Si la nomenclature est quelque peu plus complète, les tarifs sont les mêmes qu'à la Guadeloupe, c'est-à-dire modérés.

Malgré l'abandon à la Caisse coloniale des taxes perçues dans les ports de la Martinique, l'exercice de 1836 se solda par un important déficit. Un décret du 18 janvier 1837, postérieur de quelques semaines seulement à celui établissant l'*Octroi municipal*, édicte des mesures tendant à le couvrir.

C'est d'abord une surtaxe de 4 francs par 1.000 kilos. à la sortie des sucres bruts.

D'autre part, le Gouvernement de la colonie est autorisé à percevoir une somme de 149.660 francs des villes du Fort-Royal et de Saint-Pierre. Elles ont déjà établi des taxes qui n'ont profité qu'à la Caisse coloniale. C'est encore à elles qu'on s'adresse quand l'argent manque, parce qu'elles sont les plus riches et qu'elles peuvent se procurer plus facilement des ressources. En compensation de ces sacrifices et pour leur permettre de subvenir cependant à leurs besoins, il leur a été attribué le produit de l'*Octroi municipal* spécialement créé pour elles. En échange du nouveau sacrifice de 149.660 francs, le tableau annexé au décret du 6 décembre 1836 est augmenté de quelques articles.

Poisson salé............	les 100 kgs.........	3	»
Riz....................	—	3	»
Morue................	—	2	»
Boucauts en bottes.....	le boucaut...........	0	25
Feuillards.............	le millier...........	2	»
Merrains..............	—	3	»
Parfumerie............	la malle............	3	»

De plus une surtaxe est établie, de 3 francs par 100 kilogrammes pour le tabac qui paie désormais 5 francs les 100 kilogrammes ; de 1 franc la barrique pour le vin de Provence qui paie désormais 2 francs.

Les villes de Saint-Pierre et de Fort-Royal abandonneront le produit total des droits d'*Octroi* créés par le nouveau décret du 18 janvier 1837 et elles se trouveront ainsi libérées de la somme de 149.660 francs mise à leur charge.

La fiction apparaît aisément. L'illusion pouvait encore subsister avec le décret du 6 décembre 1836. Les trois communes précitées versaient à la Caisse coloniale le produit de certaines taxes ; mais en revanche des ressources nouvelles leur étaient offertes avec l'octroi municipal. Elles couraient le risque d'obtenir ainsi moins ou plus. Ce risque était entier pour elles.

En 1837, il n'en est plus ainsi. Théoriquement. leur dette est de 149.660 francs. Elles ne retirent cependant pas un centime de leurs caisses. Elles se contentent d'abandonner à la Caisse coloniale le montant des droits nouveaux perçus non pas par elles, mais par le service des douanes, et qui n'entre point dans leurs caisses. Ainsi seront-elles libérées de leur dette. Le risque n'est plus pour elles, mais pour la colonie qui touchera ainsi plus ou moins de 149.660 francs. Les trois ports n'auront servi ainsi que d'intermédiaires complaisants, ne bénéficiant d'aucun avantage de la situation nouvelle qui semble leur être faite.

Il serait puéril de vouloir soutenir que la taxe ainsi perçue conservait encore le caractère *municipal*. En réalité il s'agissait d'un véritable droit de douane pouvant affecter les relations extérieures de la colonie avec la métropole et les pays étrangers, établi en fraude de la loi de 1833. Le Roi, d'ailleurs, refusa de sanctionner le décret qui avait été déclaré provisoirement exécutoire par le Gouverneur, le baron de Mackau. Par l'Ordonnance royale du 11 septembre 1837, suivie de la dépêche ministérielle du 16 septembre, les droits d'octroi tant ordinaires qu'extraordinaires établis par les deux décrets coloniaux des 6 décembre 1836 et 18 janvier 1837 furent simplement supprimés. Un arrêté du Gouverneur du

11 novembre en arrêta la perception à la même date.

Cependant toute idée de l'établissement d'un octroi n'était pas abandonnée et le décret colonial du 12 juin 1837 le considérait comme un moyen de pourvoir aux dépenses des communes. Nous le retrouvons dans le décret colonial du 29 décembre 1837, relatif aux contributions :

« *L'octroi municipal* créé par les décrets coloniaux des 6 décembre 1836 et 18 janvier 1837 sera perçu dans les ports de Saint-Pierre, Fort-Royal, La Trinité, *Le Marin*, tant pour indemniser lesdites villes et lesdits bourgs des taxes municipales dont l'abandon est fait à la caisse coloniale que pour les mettre à même, avec les autres communes de la colonie, de supporter diverses dépenses municipales mises à leur charge qui étaient autrefois soldées par la caisse coloniale (1). »

Ainsi donc, l'octroi ne représente plus seulement l'abandon des taxes municipales à la caisse coloniale. On fait apparaître son caractère *municipal* en l'affectant à des dépenses d'ordre purement *municipal*. On espérait ainsi le conserver. D'ailleurs, le produit de l'octroi ne tombe plus dans la caisse coloniale, mais est réparti « entre les villes de *Saint-Pierre, Fort-Royal* et les *autres communes de la colonie* ».

Nous retrouvons alors l'octroi municipal établi à la Guadeloupe et à l'Algérie. Il ne trouvera sa véritable application que dans l'arrêté du gouverneur du 20 no-

____

(1) Décret colonial 29 déc. 1837, art. 30.

vembre 1839. Il ne figure plus dans les décrets coloniaux sur les contributions et fait l'objet d'un arrêté spécial.

Le gouverneur agit alors en vertu des pouvoirs qui lui sont conférés, en matière d'administration, par l'article 11 de la loi du 24 avril 1833, auquel d'ailleurs se reporte l'arrêté.

Vu l'article 11 de la loi du 24 avril 1833;

Vu l'article 63 § 4 du décret du 12 juin 1837 ;

Vu la dépêche ministérielle du 14 novembre 1837, n° 372 ;

Vu les délibérations du Conseil municipal du Fort-Royal en date du 27 octobre dernier et 8 novembre présent mois;

Vu la délibération du Conseil municipal de la Trinité du 24 octobre ;

Vu celle du Conseil municipal du Marin, du 28 octobre ;

Sur la proposition du Directeur de l'Administration intérieure et l'avis du Conseil privé ;

Avons arrêté, etc...

Toutes les formes édictées par les règlements semblent cette fois avoir été observées. L'établissement de l'octroi semble légal.

Le tarif qui accompagne l'arrêté est d'ailleurs identiquement le même que celui établi à la Guadeloupe en 1826 et que nous avons reproduit plus haut.

L'octroi n'est perçu que dans les quatre ports de la colonie, mais son produit est réparti désormais entre *toutes* les communes, au nombre de 21, au *prorata de leur population libre*, dans des proportions déterminées dans l'arrêté lui-même. Le taux de répartition ne subira d'ailleurs que des modifications insignifiantes dans l'arrêté du 23 décembre 1845.

La nomenclature très réduite de l'arrêté du 20 novembre 1839 va bientôt s'élargir. L'arrêté du 22 avril 1841 ne comprend pas moins de 28 articles nouveaux, en particulier : les animaux vivants, le riz, les pommes de terre, les légumes verts et secs, les fruits, la parfumerie, les liqueurs, la morue, etc., etc.

Les tarifs sont aussi relativement plus élevés. La farine de froment paie 1 fr. 50 au lieu de 1 franc par barrique ; le tabac, 3 francs au lieu de 2 francs par 100 kilos.

Peu de modifications seront apportées pendant la première période qui nous occupe. Seule une décision du 7 octobre 1841 supprime le droit sur la *morue*.

Comme à la Guadeloupe, un arrêté du 4 janvier 1854 établissait un fonds commun de réserve pour les besoins extraordinaires de la colonie.

Réunion.

Pour introduire chez elle la nouvelle taxe, l'île de la Réunion bénéficiait de l'expérience de ses deux sœurs des Antilles, la Guadeloupe et la Martinique. Elle ne s'y résolut que longtemps après elles, en 1850. Et cela s'explique d'autant mieux que nous avons constaté l'apparition de l'octroi de mer dans les Antilles à la suite de l'ordonnance du 5 février 1826 sur l'importation par leurs ports d'un certain nombre de marchandises étrangères. La Réunion attendit, elle, la loi du 18 octobre 1846, procédant du même principe et permettant l'importation de 216 marchandises. Comme aux Antilles, la base de la future imposition se trouvait élargie et le *Droit municipal d'octroi* fut créé par un arrêté du gouverneur de la Réunion, en date du 13 décembre 1850. Les tâtonnements qui ont précédé son établissement dans les Antilles n'existent plus, et le gouverneur déclare user des pouvoirs que lui confèrent, en matière d'administration, les articles 25 § 2 et 157 de l'ordonnance locale du 21 août 1825, l'article 11 de la loi du 24 avril 1833.

D'autre part, le décret du 27 avril 1848 a concentré entre les mains du gouverneur les pouvoirs détenus autrefois par les Conseils coloniaux.

La raison d'être de cette nouvelle taxe ? Comme ailleurs « l'état de pénurie dans lequel se trouvent les communes de la colonie (1) d'abord. Puis aussi l'avantage que présente la contribution indirecte, « la moins onéreuse pour les contribuables » (2).

Le droit d'octroi est perçu à la Réunion comme ailleurs sur *toutes* les marchandises venant de l'extérieur, à leur arrivée dans les trois ports de la colonie ouverts au commerce (Saint-Denis, Saint-Paul, Saint-Pierre).

(1) Préambule de l'arrêté du 13 déc. 1850.
(2) Préambule de l'arrêté du 13 déc. 1850.

La perception en est confiée au Service des Douanes : économie de personnel.

D'autre part, sur le produit de l'octroi, il est prélevé :

1° 3 0/0 à titre d'indemnité au Service des Douanes ;

2° 1 0/0 au Trésorier de la colonie qui procède à la répartition ;

3° Une somme de 45.250 francs, pour frais de police municipale.

Le produit de l'octroi est réparti entre toutes les communes de l'Ile, la moitié au prorata de la population, la moitié au prorata des dépenses obligées (art. 2).

Cette somme de 45.250 francs est d'ailleurs toute arbitraire. Chaque année, un arrêté du gouverneur fixera la contribution des communes dans les frais de la police jusqu'à l'arrêté du 27 décembre 1861 qui la réorganise.

Le tarif du 13 décembre 1850 ne contient pas moins de 64 articles. Le droit est peu élevé. Il est à remarquer que la bière et les rhums fabriqués dans le pays sont aussi taxés, mais la perception de leur droit se fait dans des formes particulières déterminées par l'arrêté du 13 décembre 1850. L'arrêté du 15 octobre 1851 établit des divisions entre les différentes marchandises du tarif, qui d'ailleurs varie peu. Il y a maintenant le chapitre des boissons et liquides, celui des comestibles, celui des combustibles, celui des matériaux. Quelques articles sont ajoutés, et en particulier, les bœufs, vaches, taureaux, veaux, etc...

Un nouvel arrêté du 30 octobre 1861 ajoute 44 articles au tarif de 1850.

Le chiffre de plusieurs des taxes existantes est légèrement surélevé, mais non de celles frappant les objets de consommation les plus usuels.

D'autre part, apparaissent les droits *ad valorem* sur la bijouterie, l'horlogerie, la mercerie, les tissus, etc...

Une question intéressante est envisagée dans l'arrêté de 1861. Elle a été d'ailleurs soulevée par ailleurs et nous la retrouverons : celle des *Similaires*.

« Pour prévenir toute contestation future sur le caractère de l'impôt et sa parfaite légalité, il supprime tous les articles dont les *similaires* locaux ne peuvent être également atteints, tels que : *les volailles, le gibier, les confitures, la chaux, les tabacs*, etc., et si l'on a tenu en dehors de cette élimination les *bœufs, vaches et taureaux*, c'est que l'industrie de l'élève du bétail, n'ayant pu jusqu'à présent se soutenir dans la colonie qu'à l'aide de primes et d'encouragements exceptionnels, ne peut être encore considérée comme ayant pris racine dans le pays, et qu'aussitôt au surplus qu'elle y sera reconnue viable, des dispositions seront prises pour appliquer à ces produits les taxes en question ». (Rapport du Directeur de l'Intérieur Charles de Lagrange au Gouverneur).

D'autre part, les droits d'octroi établis sur les *similaires indigènes* sont maintenus, au même tarif.

L'Octroi municipal était une précieuse ressource, puisqu'à la Réunion, de 1851 à 1867, le montant des droits *liquidés* atteignait 7.105.775 fr. 24. Dès 1861, les centimes additionnels pouvaient être supprimés dans les deux tiers des communes, diminués dans les autres, dans une forte proportion. Car c'était là dans l'esprit des administrateurs de la Réunion plutôt le but que celui de la jouissance entière d'un accroissement de ressources.

Sous des noms divers, l'Octroi de mer était donc définitivement établi dans les trois colonies. C'est l'époque la plus agitée de son histoire, en raison même des hésitations et des circonstances mouvementées qui présidèrent à sa naissance. Son nom même n'avait point été légalement consacré. C'est sur cette première période que les plus vives discussions prendront jour, tant devant les Assemblées parlementaires de la Métropole que devant les tribunaux. Des changements allaient se produire sous l'influence des nouvelles doctrines économiques et d'un nouveau régime politique.

CHAPITRE II

L'OCTROI DE MER DE 1866 A 1892

A) *L'Emancipation coloniale.*

    Au point de vue économique : La loi du 3 juillet 1861 qui met fin au pacte colonial.

    Au point de vue politique : Le Sénatus-Consulte du 4 juillet 1866. Décret du 11 août 1866.

B) L'article 3 du Sénatus-Consulte.

    Droits d'octroi de mer et droits de douane. Les pouvoirs des Conseils généraux en ce qui les concerne.

C) Usant des libertés conquises, les Conseils généraux votent la suppression des droits de douane et leur remplacement par des droits d'octroi de mer. Les délibérations sont approuvées par le gouvernement de la Métropole.

    Martinique. — 30 novembre 1866.

    Guadeloupe. — 11 décembre 1866, sauf les produits coloniaux.

    Réunion. — 4 juillet 1873.

Les nouveaux tarifs d'octroi de mer.

    Martinique. — Arrêté 12 juillet 1868. Les droits *ad valorem.* — Toutes les marchandises sont taxées.

    Guadeloupe. — Arrêté du 29 juin 1868. Le Conseil général veut faire de l'octroi de mer une taxe *locale* et non municipale. Ce projet est repoussé par le gouvernement.

    Réunion. — Les tarifs du 11 novembre 1867, du 24 juin 1872, du 9 juin 1884.

D) A la suite de la suppression des droits de douane, le commerce
de la Métropole avec les colonies subit une grave crise. Les
importations françaises diminuent.

Sur l'intervention du gouvernement, les Conseils généraux con-
sentent à rétablir les droits de douane sur certains articles.

Guadeloupe, 16 novembre 1884.

Martinique, 17 décembre 1884.

Réunion,   19 janvier 1885.

E) Le Conseil d'Etat conteste aux Conseils généraux des colonies le
droit de voter l'assiette, le mode de perception, le mode de répartition de l'octroi de mer. Avis du 13 mars 1889 et du 10 juin
1890.

Les décrets du 7 décembre 1889 (Martinique) ; 17 février 1891
(Réunion) ; 16 mars 1891 (Guadeloupe).

Les Similaires.

Avec le Second Empire triomphèrent les revendications
que les colonies n'avaient cessé de formuler et de soutenir avec une ardeur toujours grandissante. L'écho en
était parvenu au Parlement par la voix de leurs représentants, par les délibérations de leurs conseils élus et
par les pétitions des Chambres de commerce. La loi du
3 juillet 1861 mettait fin au Pacte colonial et proclamait
la liberté commerciale. Dégagé de toute entrave, le commerce colonial semblait destiné à prendre tout son développement et à s'ouvrir de nouveaux débouchés. Toutes
les marchandises étrangères admises en France étaient
désormais admises aux colonies aux mêmes droits qu'à
leur entrée dans la métropole ; et surtout le privilège de
pavillon était aboli. Principe trop absolu cependant, ac-

cepté avec enthousiasme parce que longtemps désiré, mais qui nécessairement omettait de tenir compte de certaines situations particulières des colonies en face de leurs rivales étrangères.

En généralisant, on dépassa le but. Les tarifs de douane étaient votés dans la métropole au point de vue exclusif des intérêts de sa production. Appliqués aux colonies, par l'assimilation voulue de la loi du 3 juillet 1861, ils pouvaient ne pas répondre aux exigences d'intérêts différents. Le point de vue fiscal des droits de douane était oublié. Certaines colonies avaient profit à aller chercher dans des pays étrangers des marchandises qu'elles y trouvaient à meilleur prix et qui en raison des tarifs nouveaux s'éloignaient d'elles. D'autre part, la diminution des droits sur certaines denrées de grande consommation privait le budget colonial d'un élément de ressources qui, dans le vaste ensemble des finances de la métropole, paraissait négligeable; qui, chez elles, était d'un grand intérêt.

Les grains et les farines provenant de l'étranger avaient déjà été exonérés par la loi du 24 juillet 1860.

En particulier, la Réunion importait en grande quantité les soieries, et surtout les toiles bleues de l'Inde nécessaires aux vêtements des coolies. Le grain servant à l'alimentation du bétail et les articles de l'Inde fournissaient des recettes importantes, sans que la consommation ait à s'en plaindre.

A la session du Conseil général de la Réunion, en

1864, le Rapporteur de la Commission du budget, M. Bridet, constatait, avec amertume, une diminution de recettes de 600.000 fr.,c'est-à-dire d'un dixième du revenu total de l'île.

Malgré l'ouverture du marché colonial aux marchandises étrangères, les prix n'avaient guère diminué et surtout le sucre n'avait pas trouvé tous les débouchés escomptés, en raison des concurrences mieux placées, et des conséquences des nouveaux traités de commerce.

Ces mêmes résultats furent à nouveau constatés au Parlement lors de la discussion du senatus-consulte de 1866.

Aussi le Conseil général de la Réunion émettait-il le vœu que les droits sur les blés et farines, et ceux sur les grains, soieries et toiles bleues soient rétablis tels qu'ils étaient avant la loi du 24 juillet 1860 et celle du 3 juillet 1861.

Il avait d'ailleurs à côté de la Réunion, le spectacle de ce qui se passait à l'île Maurice, où les doctrines de liberté commerciale étaient particulièrement en faveur, mais où, pour les mettre en pratique, on s'était bien gardé d'entamer en quoi que ce soit le revenu local. Le tarif est resté combiné de telle sorte que le produit des droits de Douane a été plutôt accru qu'amoindri. Ce produit, pour l'exercice 1863, y était évalué au chiffre énorme de 4.000.000 fr. dont plus de 3.000.000 fr. provenant des seuls droits d'importation. A la Réunion, la même recette pouvait à peine atteindre pour 1864 la somme de 150.000 fr. (1).

Aussi bien, les plaintes portées à la Métropole jusqu'au ministre de la Marine et des Colonies incitèrent-elles ce dernier à ouvrir une enquête sur les modifications à apporter au régime législatif des colonies.

Les résultats de cette enquête, recueillis auprès des Gouverneurs, des Conseils généraux et des Conseils privés, servirent de base au sénatus-consulte, qui accordait aux Colonies l'émancipation qu'elles réclamaient en augmentant les pouvoirs des Conseils généraux. La défense des intérêts locaux ne pouvait être placée en de meilleures mains. Les principes généraux proclamés dans le senatus-consulte de 1854 étaient respectés, et les modifications ne portaient que sur quelques parties du régime administratif, financier et surtout commercial.

L'article 2 du sénatus-consulte était ainsi conçu : « Le Conseil général vote les *tarifs d'Octroi de mer* sur les objets de toute provenance ainsi que les tarifs de douane sur les produits étrangers, naturels ou fabriqués, importés dans la colonie. Les tarifs de douane votés par le Conseil général sont rendus exécutoires par décrets de l'Empereur, le Conseil d'Etat entendu ».

Il est intéressant de constater que pour la première fois, en ce qui concerne les vieilles colonies, l'Octroi de

____

(1) Rapport du Directeur de l'Intérieur sur le projet de budget du service local pour 1864.

mer est officiellement reconnu comme une taxe régulière. Le nom d'Octroi de mer est définitivement consacré. Mais il est non moins curieux de constater qu'il n'y ait été fait aucune allusion dans le rapport de M. le Procureur général Delangle.

La distinction est nettement faite entre les droits d'octroi de mer et les droits de douanes.

La liberté donnée aux Conseils généraux d'établir les droits de douane était un grand pas dans la voie de l'émancipation. Mais les avis sur ce point étaient unanimes. « Depuis qu'elles (les colonies) n'ont plus eu dans la métropole, un marché réservé ; depuis qu'elles n'y ont plus trouvé, pour leur produit le plus important, d'autre protection que celle résultant d'une détaxe, qui, dans quelque temps, va complètement cessser (Loi du 7 mai 1864), il est juste qu'elles puissent se procurer à aussi bon compte que leurs concurrents les objets qui leur sont nécessaires, et que des tarifs de douanes, combinés dans un tout autre intérêt que le leur, ne viennent pas y mettre obstacle (1). »

Le rapporteur ne doutait pas, en effet, que les Conseils généraux des colonies, composés des hommes les plus compétents et les plus éminents, n'établiraient leurs tarifs « qu'au point de vue de leurs besoins, de leur consommation et des ressources financières qu'ils peuvent procurer (2). »

(1) Rapport Delangle, cité par Duvergier, 1866, p. 235.
(2) Rapport Delangle précité.

Au regard des avantages abandonnés ainsi aux colonies, le rapporteur faisait valoir la sécurité conservée par la métropole. Les tarifs des douanes ne devaient s'appliquer qu'aux produits *étrangers*, et d'autre part, les importations de France dans les colonies étaient de peu de valeur dans l'ensemble des exportations françaises (1). Encore ces importations concernent-elles en grande partie des denrées que seule la métropole pouvait procurer à ses colonies. Et pour les autres, les qualités de finesse, de bon goût de la production française et aussi l'habitude étaient le sûr garant que, malgré l'attrait de la liberté, les colonies ne déserteraient point le marché métropolitain. La protection était assurée à ce dernier par ce simple motif, que, si modérés qu'ils puissent être établis, les produits étrangers seuls devaient être taxés.

Toutes précautions étaient d'ailleurs prises, puisque les tarifs ne pouvaient être rendus exécutoires que par Décrets de l'Empereur.

Une autre raison, d'un tout autre ordre, avait guidé les rédacteurs du sénatus-consulte de 1866. En développpaut les libertés des colonies, l'Etat entendait diminuer successivement les charges qui lui incombaient de leur fait et forcer les colonies à se passer des secours de la métropole. C'est ainsi que dès 1868, le gouvernement diminua considérablement les subventions accordées aux petites colonies et d'une manière notable celles des grandes colo-

____

(1) Pour 186~. Martinique, 15. 250. 553 fr. — Guadeloupe, 10. 947. 926 fr. — Réunion, 10. 198. 867 (Duvergier, 1866, p. 236).

nies. La subvention accordée à la Guadeloupe et à la Martinique fut réduite de 200.000 francs : 150.000 fr. au chapitre de l'immigration et du recrutement des travailleurs; 50.000 francs au chapitre de l'instruction primaire.

Satisfaction était ainsi donnée aux colonies, cependant que les intérêts de la métropole étaient sauvegardés. D'ailleurs le décret portant règlement d'administration publique du 11 août 1866, avait réservé l'approbation de l'empereur, « en ce qui concerne le mode d'assiette et les règles de perception des contributions et taxes ».

Le gouvernement se prévalut à plusieurs reprises de ses prérogatives, en refusant d'accepter les propositions des colonies. Ces dernières entendaient user de leur liberté et dès l'apparition du senatus-consulte de 1866, elles discutèrent les modifications à apporter aux tarifs de douane et d'octroi de mer. Elles cherchèrent surtout à tourner le senatus-consulte et à faire la même situation aux produits français, non compris dans les tarifs de douanes, qu'aux produits étrangers (1). C'est ainsi que le 11 novembre 1867, le Conseil général de la Réunion avait proposé certaines modifications au tarif de douanes en ce qui concerne les eaux-de-vie et les tabacs. Ces modifications furent repoussées par le gouvernement. Une sorte de conflit restait à l'état latent entre les colonies et la métropole. Les colonies allèrent plus loin et s'acheminèrent vers la suppression des droits de douanes.

(1) Décrets de 1864. Guyane et Sénégal.

Ce fut la Martinique qui cette fois montra l'exemple.

Evénement de grande importance qui suscita de nombreuses controverses et qui se produisit à la suite de vives discussions au sein des Assemblées coloniales et que les recherches entreprises dans les archives de la Réunion nous ont permis de revivre.

C'est que les colonies aspiraient à une liberté absolue, car le développement de leur commerce n'avait pas atteint le degré désiré. « On s'était flatté, disait le rapporteur de la commission du budget à la séance du Conseil général du 10 décembre 1869, que la suppression de la surtaxe sur les navires étrangers (1) augmenterait le mouvement maritime de la colonie et donnerait d'abondantes recettes ; mais pour arriver à ce résultat, il n'aurait pas fallu de demi-mesure, il aurait fallu une liberté commerciale franche, entière et sans restriction. Que serait l'assimilation du pavillon sans celle des marchandises, sinon un véritable leurre (2) ? »

« Ainsi, Messieurs, liberté pleine et entière à l'importation de même qu'à l'exportation ; plus de droits protecteurs, plus de tarifs différentiels ; de simples droits fiscaux à l'entrée ; tel est, en substance, l'avis unanime de votre commission (3). »

« La colonie cherche par tous les moyens, à élargir son

(1) Loi 19 mai 1866.

(2) Compte rendu des séances du Conseil général. Séance du 10 décembre 1869.

(3) M. Ruben de Couder. Séance du Conseil général 5 juillet 1871.

horizon commercial. Déjà, depuis plusieurs années, elle exporte en Australie des quantités considérables de sucre et grâce à ce courant d'affaires, elle place très avantageusement ses bas produits pour lesquels elle n'avait pas autrefois de débouchés assurés. Nos navires pourraient prendre en retour des blés et des farines. Mais les droits de douane sont tellement écrasants sur ces objets, qu'on renonce à en faire venir. Si nous sommes bien informés, les minotiers du pays paraîtraient disposés à tirer désormais de France les blés nécessaires à leur approvisionnement; c'est un moyen d'échapper aux droits de douane. Ce que nous disons de cet article, on pourrait le dire de beaucoup d'autres qui ne peuvent pas entrer dans la consommation parce que les droits de douane qui les frappent sont trop élevés (1). »

Les droits de douane étaient un reste « suranné » du pacte colonial qu'il fallait voir disparaître.

« Le but est plus élevé. C'est l'intérêt du consommateur qui est en vue... Les négociants savent bien qu'ils ne payeront pas moins de droits. Ce n'est pas là ce qu'ils demandent, et pourtant ces droits, remboursés par le consommateur lorsque la concurrence va bien, sont une véritable perte lorsque les affaires sont stagnantes; car, dans ce dernier cas, ce n'est pas le prix de revient seul qu'il faut considérer, mais le rapport de l'offre à la demande.

(1) Séance du Conseil général 10 décembre 1869.

Désintéressée dans la question, puisque les droits à payer seront égalisés, la Chambre de commerce n'a consulté que l'intérêt général, qu'elle voit dans la liberté commerciale et la libre concurrence (1). »

Le droit de supprimer les droits de douane fut contesté aux colonies lors de la discussion du tarif des douanes au Corps législatif, en la séance du 1ᵉʳ mai 1868.

Les modifier, les élever, les réduire, peut-être, disait-on ; les supprimer, jamais. Mais le gouvernement, après avis du Conseil d'Etat, approuva les délibérations en ce sens des Conseils généraux des vieilles colonies.

Martinique.

Quelques mois à peine après l'apparition du senatus-consulte, le Conseil général de la Martinique, dans sa séance du 30 novembre 1866, votait la suppression des droits de douane établis sur les marchandises étrangères importées dans la colonie.

Un décret de l'empereur, en date du 6 novembre 1867, rendait cette délibération exécutoire. Il fut promulgué dans la colonie le 12 février 1868.

Aucune difficulté n'avait été soulevée au gouvernement, qui appliquait dans son texte le sénatus-consulte du 4 juillet 1866 et le décret du 11 août de la même année. Le Conseil d'État consulté avait donné son approbation.

(1) Ruben de Couder. Séance 5 juillet 1871,

A la même date du 12 février 1868, un arrêté du gouverneur de la Martinique rend provisoirement exécutoire la délibération du Conseil général du 7 février 1868 établissant un nouveau tarif *d'octroi*. Ce dernier n'avait été voté, qu'après la confirmation de la reconnaissance par le gouvernement du vote de la suppression des douanes.

Le gouvernement se conformait aux prescriptions du décret du 11 août 1866 que beaucoup de conseillers coloniaux ne voulaient pas reconnaître : « Le Conseil général vote souverainement l'octroi en vertu du senatus-consulte de 1866. Les décisions concernant les tarifs d'octroi peuvent être promulguées avec la signature du président et du secrétaire du Conseil. C'est la loi (1) . »

Le tarif ne comprend pas moins de 105 articles, répartis en différentes catégories.

Les engrais de toute sorte, la farine de maïs, la houille, le sel marin, la morue, tous compris dans la première catégorie, sont exempts.

La deuxième catégorie comprend une très grande variation de denrées et marchandises. Il y rentre désormais non seulement les produits alimentaires de grande consommation mais aussi les produits manufacturés, en particulier, les tissus.

Une troisième catégorie était constituée par des produits de consommation plus restreinte, tels que : la bijouterie,

____

(1) Ruben de Couder. Séance du Conseil général de la Réunion 5 juillet 1871.

la parfumerie, les marbres. Il y rentrait aussi le sucre raffiné ou blanchi.

Ce qui est intéressant, c'est que des droits spéciaux sont établis pour garantir la détaxe accordée aux denrées coloniales à leur entrée dans la métropole. « Les similaires » sont frappés à leur tour, alors qu'ils avaient été épargnés jusque là surtout tant que les droits de douane avaient été maintenus.

Cacao en feuilles...........	100 k. net.........	15 f.
Café....................	100 k. net........	30 f.
Eau-de-vie de mélasse......	hectol. liquide.....	25 f.
Sucre brut................	100 k. net........	15 f.
Tabac { en feuilles........	....	35 f.
{ fabriqué..........	....	85 f.

De plus, toutes les marchandises non dénommées au tarif étaient frappées d'une imposition de 4 0/0 *ad valorem*. Nous sommes loin des timides essais du début. C'est bien, dès maintenant, une taxe générale sur toutes les marchandises sans exception qui sont importées dans la colonie, de quelque nature et de quelque provenance qu'elles soient. Le sénatus-consulte de 1866 ne permettait de frapper de droits de douane que les marchandises étrangères. L'égalité de droit avec les marchandises françaises est maintenant réalisée. Le droit d'octroi les frappe uniformément.

Les droits spécifiques sont de plus en plus transformés en droits *ad valorem*, qui se trouvent nombreux dans le tarif de 1868. Mais le tarif lui-même est modéré. Il fut approuvé sans difficulté par le gouvernement.

Sur le produit des droits d'octroi, perçu toujours par le service des douanes, il était prélevé :

1° 1 0/0 pour les employés de la douane, chargés de la liquidation des droits.

2° 1 0/0 pour les receveurs des finances et 0.25 0/0 pour les percepteurs centralisateurs (arrêté du 19 juin 1860).

3° Un vingtième du produit net au service local pour frais de perception.

Il est prélevé ensuite la somme nécessaire pour être distribuée entre les communes, proportionnellement à l'étendue des routes impériales dont l'entretien leur est confié, à raison de 0 fr. 40 par mètre courant et par an.

Le surplus est réparti entre les communes au prorata du chiffre total de leur population. Cependant, Saint-Pierre et Fort-de-France bénéficient d'un dixième en plus (1).

Le prélèvement au profit du service local pour les frais de perception fut porté d'un vingtième à un cinquième par l'arrêté de répartition du 5 septembre 1887, en même temps que 25.000 francs sont affectés au fonds de réserve.

La répartition qui se faisait trimestriellement devient mensuelle avec l'arrêté du 28 décembre 1887.

____

(1) Arrêt 12 février 1868, art. 2.

Guadeloupe.

La *Guadeloupe* fut moins téméraire et ne voulut pas aller jusqu'à la suppression complète des droits de douane. Elle recherchait les moyens les plus propres à augmenter son commerce et à favoriser l'écoulement de ses produits. Et en même temps qu'elle attirait les navires étrangers par la suspension des droits de douane sur les marchandises étrangères, elle entendait s'en servir d'intermédiaires pour placer ses propres produits naturels ou fabriqués. Dans ses délibérations du 11 décembre 1866 et 13 janvier 1868, le Conseil général de la Guadeloupe vota la suspension des droits de douane établis à l'importation sur les marchandises étrangères autres que le sucre, le tafia, le café, le coton, le cacao, le tabac, le rocou et la vanille.

Les « similaires » restaient ainsi frappés.

Cette délibération fut approuvée par un décret de l'Empereur du 25 avril-28 mai 1868.

Il restait donc, au tarif des douanes de la Guadeloupe, quelques articles que la Martinique n'y avait pas conservés. En fait, le résultat pouvait sembler le même dans les deux colonies. Nous avons vu, en effet, qu'à son tarif d'octroi de mer du 12 février 1868, la Martinique avait ajouté quelques similaires : le cacao, le café, l'eau-de-vie de mélasse, le sucre brut et le tabac. Et pourtant, d'une part, les droits de douane ne pouvaient porter d'après le sénatus consulte de 1866 que sur les marchandises étrangères, tandis que l'octroi de mer visait les marchandises de toute provenance. D'autre part, le produit de la douane profitait au budget colonial, tandis que celui de l'octroi de mer était réparti entre les communes elles-mêmes.

Le nouveau tarif d'octroi de mer fut voté par le Conseil général de la Guadeloupe, dans les séances des 22 et 23 juin 1868 et son exécution provisoire ordonnée par arrêté du Gouverneur, en date du 29 juin 1868.

Il est divisé en deux parties, dont la première comprend 53 articles nouveaux et la seconde 16 autres : en particulier, certains animaux vivants, les machines et mécaniques pour l'industrie sucrière, les poissons, les pommes de terre, le sel marin, etc. Les autres marchandises non dénommées étaient frappées d'un droit de 6 0/0 *ad valorem*.

Etaient exempts du droit d'octroi : la farine de manioc, les fruits frais autres que la noix de coco, le son, les volailles et tortues, les racines alimentaires.

En outre de ces exemptions, continuaient à jouir de la franchise :

1° Les armes et munitions de guerre proprement dites, les habillements et effets militaires pour les troupes, les approvisionnements du matériel et des vivres destinés au service des bâtiments de l'État (arrêté du 22 août 1864, article 6) ; la glace, les comestibles conservés dans la glace, les matériaux et ustensiles nécessaires à la construction, à l'entretien et au service des glacières, y compris le mobilier personnel de l'entrepreneur (arrêté du 3 juin 1859).

2º Les ornements d'église et les objets destinés aux cultes, importés pour le compte des fabriques ; les livres des bibliothèques particulières, les trousseaux des élèves envoyés dans la colonie, les effets à usage, les objets mobiliers, les outils et instruments d'arts libéraux ou mécaniques, importés par des français rentrant dans la colonie ou par des étrangers qui viennent s'y établir.

3º Les vaches et les génisses, le guano du Pérou, les tabacs en feuilles ou fabriqués, importés pour le compte de la régie coloniale.

L'entrée des armes et munitions de guerre proprement dites provenant de l'étranger continuait à être prohibée conformément à la législation en vigueur.

Le tarif adopté à la Guadeloupe était sensiblement plus élevé qu'à la Martinique et sur certains produits était exagéré. Quelques comparaisons entre les deux tarifs sont intéressantes à établir :

	Martinique		Guadeloupe	
Taureaux......................	7 f.	»	10 f.	»
Fer, platine, tôle............	1	»	5	»
Huile de pétrole..............	2	»	10	»
Médicaments..................	2	0/0	10	0/0
Machines.....................	2	0/0	3	0/0
Peaux préparées..............	2	0/0	10	0/0
Tissus laine.................	2.50	0/0	10	0/0

Tissus soie....................	3	0/0	15	0/0
Liqueurs	10	»	30	»
Orfèvrerie	5	0/0	15	0/0
Marchandises non dénommées.	4	0/0	6	0/0

Cette différence de tarifs provoqua de vives discussions au sein du Parlement ; à la séance du corps législatif du 1er mai 1868, M. Pouyer-Quertier intervint à ce propos dans la discussion du tarif des douanes. pour remettre en question leur suppression par les colonies (1).

Le nouveau tarif des douanes de la Guadeloupe avait paru au *Moniteur* la veille même de ce jour. Le général Allard, Commissaire du Gouvernement répondit à l'orateur et, tout en prenant la défense des libertés accordées par le sénatus consulte de 1866, déclara que le projet de la Guadeloupe ne pouvait être accepté en raison même de l'élévation exagérée de certaines taxes. Le gouvernement entendait donc se prévaloir du décret du 11 août 1866, en ce qui concerne le mode d'assiette et les règles de perception des contributions et taxes. Ce droit, nous l'avons vu, lui avait été contesté par certains membres du Conseil général de la Réunion.

Il y avait un autre motif pour lequel le Gouvernement ne pouvait encore accepter le tarif d'octroi de mer de la Guadeloupe.

Dans les séances des 8, 9, 10, 13 et 14 janvier 1868, le

____

(1) *Annales du Sénat et du Corps législatif*, 1868, tome VII, pp. 94 et suivantes.

Conseil général de la Guadeloupe avait pris une grave décision.

Il entendait transformer le droit d'octroi de mer en un impôt local et il avait voté :

1° La création d'un Octroi de mer au profit du service local, *avec attribution de la moitié de son produit aux communes.*

2° La suppression des octrois communaux.

En supprimant les droits de douanes, il pouvait librement frapper par l'octroi non seulement les marchandises étrangères, mais de plus les marchandises françaises. Mais aussi, les communes se trouvaient substituées à la colonie elle même pour le bénéfice du produit de cet octroi. Il fallait le récupérer et tourner la difficulté en faisant de l'impôt communal un impôt local. Il est vrai que le service local se contenterait de la moitié du produit de l'octroi et que le reste pouvait, sans difficulté, être abandonné aux communes. Mais par cela même, on changeait complétement le caractère de l'Octroi de mer qui devenait un véritable droit de douane, établi en fraude du sénatus-consulte de 1866. D'autant plus que le 24 février 1868, un arrêté du gouverneur rendait exécutoire une délibération du Conseil général portant que toutes les lois, ordonnances, décrets et arrêtés locaux, les décisions ministérielles et administratives actuellement en vigueur en matière de *douanes* à la Guadeloupe seraient désormais applicables dans la colonie en matière d'Octroi de mer.

La colonie de la Guadeloupe prétendait donc disposer de toute liberté en ce qui concerne non seulement le tarif, mais aussi l'assiette et le mode de perception de l'Octroi de mer. Mais la décision qu'elle avait prise était illégale. Le Conseil général ne pouvait transformer à son gré le caractère de l'Octroi de mer en affectant son produit par moitié à la colonie et aux communes. Octroi de Mer ou droit de Douane ; mais non une taxe tenant à la fois de l'un et de l'autre. D'un côté, approbation laissée au pouvoir de l'Empereur ; de l'autre, pleins pouvoirs laissés à la colonie sur l'établissement du tarif ; au gouvernement, sur l'assiette et le mode de perception,

Le gouvernement pour ce double motif : incompétence du Conseil général, exagération de certaines taxes, renvoya le projet dans la colonie avec ordre de convoquer extraordinairement le Conseil général pour le faire délibérer sur un nouveau tarif.

Le tarif fut ainsi modifié. Quelques remaniements furent apportés par la suite. C'est ainsi qu'en raison des dangers de sinistres, le droit d'octroi sur les huiles de schiste et de pétrole fut porté à 550 francs (arrêté du 8 décembre 1871). Un arrêté du 21 décembre 1871 exempte des droits d'octroi les livres de bibliothèques publiques non destinés au commerce, comme ceux des bibliothèques particulières. Le droit sur le beurre et les chapeaux fut modifié (arrêté du 29 décembre 1873), ainsi que celui sur les allumettes chimiques et sur les armes de commerce (arrêté du 22 décembre 1874) et que celui sur les toiles de jutes et autres pour sacs (arrêté du 24 décembre 1875).

Un arrêté du 30 décembre 1881 rend exécutoire un nouveau tarif voté le 28 décembre et qui ajoute quelques articles au tarif de 1868 : les essences provenant de la distillation et de l'épuration du pétrole, les truffes sèches, les mélasses, les sacs en toile, les toiles de jute. Des spécifications sont apportées en ce qui concerne les droits sur les chevaux et poulains suivant leur taille.

Les livres de toutes nature sont exemptés par un arrêté du 20 décembre 1882.

En ce qui concerne les denrées coloniales, la Guadeloupe avait fini par se rallier au système de la Martinique et, dès 1881, certaines étaient frappées du droit d'octroi de mer ; les sucres, les mélasses, les sirops. L'arrêté du 29 décembre 1884 ajoute le cacao, le café, la vanille, le thé, le tabac en feuilles, le poivre, la girofle.

Réunion.

Quoique animée des mêmes intentions que ses sœurs des Antilles, la Réunion alla moins vite en besogne et le 11 novembre 1867, elle votait un nouveau tarif d'octroi qui reçut son exécution par arrêté du gouverneur en date du 20 décembre 1867. La question de la suppression des douanes avait déjà été envisagée. Mais elle ne fut en réalité discutée qu'à la session de 1871.

Le rapporteur de la Commission, M. Ruben de Couder, proposait :

1° D'adopter la suppression des droits de douane, *en principe*, pour la mettre en exécution le 1ᵉʳ janvier 1872.

2° De reviser pour cette époque le tarif d'octroi préparé avec le concours de la Chambre de Commerce et pouvant être mis également à exécution le 1ᵉʳ janvier 1872. (Séance du 5 juillet 1871.)

Si tous les conseillers étaient d'accord sur le principe, certains, d'accord avec l'administration, voulaient conserver les droits de douane sur les « similaires », suivant en cela l'exemple de la Guadeloupe.

D'autres, avec M. Ruben de Couder, proposaient de les faire frapper par le droit d'octroi lui-même, comme à la Martinique.

Se basant sur la ratification par le gouvernement des tarifs votés aux Antilles, le rapporteur, M. Ruben de Couder, soutenait que le droit d'octroi sur les similaires était parfaitement légal et qu'il peut être assez élevé pour être prohibitif : « Si l'île Maurice a de bonnes raisons pour frapper de prohibition les rhums étrangers dans l'intérêt de la production locale et de son trésor, je dis que ce serait une iniquité de ne pas protéger nos industries locales contre la concurrence de nos voisins. Des droits élevés peuvent prohiber indirectement l'octroi des similaires ».

M. G. Pinson. — Et que faites-vous alors de la liberté commerciale ?

M. le Rapporteur. — Les Anglais savent aussi appliquer la liberté commerciale, mais non pas au détriment des intérêts qu'ils doivent protéger. A Maurice, ils croient utile de prohiber les rhums étrangers. La prohibition est prononcée.

Dans un but fiscal très légitime, nous prohiberons les rhums de Maurice par réciprocité. Notre intérêt est de faire boire nos rhums qui sont à ce moment frappés d'un droit de 2 fr. 40 par litre d'alcool pur. La liberté commerciale ne demande pas la ruine de notre industrie guildivière. »

Et comme certains membres doutaient de la possibilité de frapper les similaires par 'Octroi, la Commission chargée de rechercher les réformes à introduire dans la Constitution de la colonie, proposait cette modification au sénatus-consulte de 1866 :

« L'Assemblée coloniale vote les droits de douane sur les marchandises étrangères et les droits d'Octroi de mer sur les marchandises de toute provenance, qu'elles aient ou non des similaires dans la colonie ».

Toute difficulté serait alors disparue.

L'Assemblée n'en vota pas moins, dans cette séance du 5 juillet 1871, la suppression des droits de douane, sauf sur les tabacs. Les rhums étrangers étaient prohibés. Cette délibération fut rendue exécutoire par un Décret du 4 juillet 1873.

Entre temps, un nouveau tarif d'Octroi était voté dans les séances des 23 et 24 juin 1872, et appliqué à partir du 16 août. Une Commission avait été nommée pour l'établir, avec *M. Ruben de Couder*, comme président, et M. H. Deville, comme rapporteur. Elle avait décidé qu'il fallait « s'avancer d'un pas plus résolu dans la voie du libre commerce ». D'autre part elle concluait encore :

« Utiliser pour la colonie la position exceptionnelle qu'elle occupe dans la mer des Indes, à proximité de Maurice, du Cap, sur la route de l'Inde et de l'Australie ;

Lui permettre de recevoir de ces différents points, et à des prix inférieurs à ceux des marchandises venant d'Europe, des produits de première nécessité pour l'alimentation publique, des matières premières et même des objets manufacturés de consommation générale ;

Donner ainsi aux navires étrangers qui fréquentent nos parages et qui nous peuvent être si utiles pour l'exportation de nos produits depuis l'abolition de la surtaxe de pavillon, un fret possible d'entrée à des conditions moins rigoureuses qu'autrefois » (1).

Et par application de ces principes, la Commission proposait :

1° L'augmentation des taxes sur les objets de luxe : chevaux, thés, poivre, modes et fleurs ;

____

(1) Compte rendu du Conseil général de la Réunion 1872. Séances du 5 au 24 juin.

2° Une augmentation plus modérée sur les tissus qui, de 1 0/0 en 1861, et 2 0/0 en 1867, auraient à payer 4 0/0 désormais. Mais les tissus étrangers, qui payaient de forts droits de douane, pourront entrer dans des conditions de bon marché très favorables à la population pauvre ;

3° Une taxe très modérée sur les objets de première nécessité.

L'hésitation sur la question des similaires était encore si forte que la disparition du tarif des bois et du sucre raffiné avait été décidée pour éviter d'attribuer aux droits qui les frapperaient le caractère protecteur. Mais l'exemption du bois fut repoussée.

Le tarif fut voté avec peu de modifications et appliqué, nous l'avons vu, dès le 16 août 1872.

Le caractère de l'Octroi de mer était encore mal déterminé. Les Conseils généraux voulaient bien le considérer comme une simple taxe fiscale, laissée à leur initiative ; mais ils auraient voulu en même temps qu'il perdît son caractère *communal* pour devenir une taxe *locale*, profitant directement aux colonies. C'était l'esprit qui avait présidé aux délibérations du Conseil général de la Guadeloupe en janvier 1868.

Nous sommes maîtres de la réglementation des tarifs d'Octroi de mer, disait-on. Et en vertu de ce droit, nous pouvons en attribuer le produit comme il nous plaira, aussi bien au service *local* qu'au service *municipal*, comme les droits sur les spiritueux. Le Conseil en décide seul.

Le rapporteur de 1867 déclarait déjà : « l'Octroi de m⁻. est un octroi *sui generis* établi aux portes de la colonie, non de telle ou telle ville, dont par conséquent les revenus appartiennent à la colonie ».

Le rapporteur de 1873 ajoutait : « la commission n'a pas hésité à ranger l'Octroi de mer au nombre des contributions locales que la colonie peut déléguer aux communes, comme elle leur délègue déjà une partie des impôts directs et du droit de sortie, mais qu'il lui serait également facultatif d'appliquer à ses propres dépenses. »

Et dans le projet de budget pour 1874, l'Octroi de mer figurait parmi « le produit des contributions locales attribué aux communes ».

La Commission proposait au surplus que cette nouvelle interprétation fasse l'objet d'un vote formel, qui puisse être déféré au Conseil d'État dans le cas où il serait jugé anticonstitutionnel. Elle soumettait au Conseil la proposition suivante :

« Le Conseil général, considérant que l'impôt perçu sous le nom d'Octroi de mer est une contribution qui frappe des produits venant de l'extérieur et introduits pour des besoins multiples et généraux,

Décide que cet impôt est une taxe appartenant au Budget général de la colonie et non une taxe municipale devant être attribuée aux budgets des communes. »

Cette proposition fut repoussée, mais néamoins il fut demandé au Conseil d'État de se prononcer.

Le caractère municipal de l'Octroi de mer fut rappelé

par le Ministre de la Marine et des Colonies, dans sa dépêche du 10 avril 1874.

Ce caractère n'a pas cessé d'être soutenu par le gouvernement de la métropole. Il est constaté dans l'exposé des motifs du sénatus-consulte de 1866 ; dans les discussions au Parlement de 1867 à 1869 ; dans le discours du Ministre, le 16 avril 1868 : « Les produits des douanes étant affectés à la gestion coloniale, aux charges de la colonie », l'Octroi de mer a été créé pour donner des ressources aux *municipalités* des colonies.

« On comprend, dit la dépêche ministérielle, que l'on porte au budget local comme recettes d'ordre, les produits des impôts directs et des contributions pour lesquels le Conseil général vote les parts revenant au budget local et au budget municipal (1). Le Conseil général est sur ce point maître absolu, en vertu de l'article premier du sénatus-consulte de 1866. Mais il n'en est pas de même des impôts qui sont classés par leur nature même comme *recettes communales* ».

Comme à la Guadeloupe, l'Administration avait fait voter par le Conseil un projet de décret portant que toutes les dispositions relatives aux douanes seraient applicables à l'Octroi de mer de la Réunion.

(1) Spiritueux, Licences de débits et de dépôts de rhums.

Les trois colonies de la Guadeloupe, de la Martinique, de la Réunion, étaient donc arrivées au même résultat : la suppression des droits de douane et leur remplacement par la taxe purement fiscale de l'Octroi de mer. La Guadeloupe avait quelque temps conservé au tarif des douanes quelques similaires contre lesquels se trouvaient ainsi protégés ses produits naturels ou fabriqués. Toutes les marchandises importées dans les colonies étaient assujetties aux mêmes droits, quelles que soient leur provenance ou leur origine. Et le gouvernement de la Métropole avait rendu exécutoire les délibérations des Conseils généraux en matière de douanes.

Les prérogatives des colonies ne semblaient plus discutables. Cependant, au Corps législatif, des protestations s'étaient fait entendre en 1868, provoquées surtout par le tarif exagéré voté à la Guadeloupe. Mais le gouvernement avait soutenu le sénatus-consulte, appuyé par la majorité du Parlement. Les événements justifiaient l'élaboration du sénatus-consulte de 1866. Les derniers vestiges du pacte colonial disparaissaient. La situation privilégiée qu'il leur faisait jadis sur le marché métropolitain était perdue pour les colonies. D'autre part, la métropole s'était déchargée sur les colonies de dépenses auxquelles ces dernières devaient faire face. Les subventions leur étaient enlevées. Le retrait de la détaxe de distance allait leur causer de grandes pertes. Il fallait leur permettre de se procurer l'équivalence par de nouvelles ressources.

L'Octroi de mer s'offrait à elles comme le plus maniable et le plus efficace des instruments. Les colonies s'en emparèrent.

A la séance du 15 novembre 1883, le sous-secrétaire d'Etat aux colonies, *Félix Faure*, déclarait : « Le sénatus-consulte de 1866 est un contrat entre l'Etat et les colonies ». Les deux parties contractantes se devaient un mutuel respect de leurs droits. Et M. Rouvier ajoutait : « Le régime actuel des colonies, tel qu'il résulte de l'acte de 1866, est une des grandes choses qui ont été faites dans notre pays et qui honorent le plus la France. »

Les colonies avaient profité des libertés qui leur étaient accordées. On ne pouvait songer à contester leur attitude. « C'est une question de principe (1) ».

Cependant, dès 1883, il était permis de constater que le commerce français dans les colonies avait subi une crise grave. Il n'avait pu soutenir, à cause de certaines infériorités, la concurrence du commerce étranger, soumis à des droits égaux à l'importation. C'est ainsi qu'à la Réunion, en 1872, dans l'ensemble des importations, le commerce français représentait 40 0/0 et le commerce étranger 60 0/0.

De 1873 à 1883, les importations françaises étaient tombées à 36 0/0, tandis que les marchandises étran-

---

(1) Stourm. *Le Budget*, 1re édit., p. 20.

gères atteignaient 64 0/0. Une des principales causes de l'infériorité de la France résidait dans les écarts des changes entre les pays européens (monométallisme or) et les contrées d'outre-mer (étalon argent). Une autre encore était les abus du fonctionnarisme.

Le Gouvernement s'émut et Félix Faure intervint auprès des colonies pour leur demander de rétablir des droits de douane sur quelques articles de provenance étrangère : « Le Gouvernement de la République ne songe pas évidemment à contester aux Conseils généraux des colonies les prérogatives qui à plusieurs reprises ont été consacrées d'une façon formelle ». C'est au nom de l'intérêt général qu'il s'adressait à elles et son appel fut entendu. Les Conseils généraux des colonies délibérèrent sur la question et se rendirent à la demande du Ministre.

Et le rapporteur, M. Le Roy, à la Réunion, s'exprimait ainsi : « Encore moins peut-il être question de renoncer aux prérogatives dont nous a investis la Constitution coloniale. Bien loin de les abdiquer, nous les affirmons au contraire... La colonie demeure maîtresse de tous ses droits ; elle n'en aliène aucun, et le jour où il lui conviendrait de modifier ou de supprimer à nouveau les taxes de douanes, que les circonstances l'amènent à rétablir momentanément, ce vote (les précédents sont là pour l'attester) ne pourrait être critiqué en principe ni en droit. Il resterait seulement subordonné à la sanction du pouvoir central (1). »

(1) Compte rendu du Conseil général 1884. Session ordinaire.

Les trois colonies acceptèrent donc, sous la pression des circonstances et dans l'intérêt général du commerce français, de rétablir des droits de douane sur certaines marchandises étrangères qui concurrençaient défavorablement les marchandises françaises. C'étaient tous des objets manufacturés intéressant surtout le vêtement et ayant leurs similaires en France.

A la Guadeloupe, le Conseil général vote, le 16 novembre 1884, le rétablissement d'un droit de douane sur 13 articles :

Peaux préparées et ouvrées.

Tissus, passementerie.

Vêtements.

Tabletterie.

Papier, carton.

Bijouterie.

Horlogerie.

Chapeaux de feutre.

Mercerie.

Modes.

Tous ces objets étaient frappés de droits *ad valorem* variant de 5 à 8 0/0.

Le tarif fut approuvé par le décret du 23 mars 1885 (1).

A la Martinique, une délibération du Conseil général en date du 17 décembre 1884, rendue exécutoire par décret du 16 mars 1885, rétablit des droits de douane sur

(1) XII. B. 906, n° 15168.

35 articles, comprenant : les tissus, le papier et ses applications, les peaux et les pelleteries ouvrées, les ouvrages en métaux et matières diverses (1).

La Réunion avait précédé cette fois les deux colonies des Antilles, et, dès le 9 juin 1884, son Conseil général avait rétabli des droits de douane sur différentes catégories de marchandises. Mais les spécifications étaient très nombreuses. Ainsi :

Les peaux et pelleteries ouvrées comprenaient 70 tarifications ;

Les ouvrages en métaux, 23 ;

Les armes, poudres et munitions, 7 ;

Les meubles, 11 ;

Les instruments de musique, 8 ;

Les ouvrages en sparterie, vannerie et corderie, 7 ;

Les ouvrages en matières diverses, 29 ;

Les tissus, 179.

Elle avait adopté le tarif gér.éral de la métropole.

Il y avait des tarifications spéciales pour les produits d'origine européenne, les produits d'origine extra-européenne importés directement d'un pays hors d'Europe, et pour ceux importés des entrepôts d'Europe (2).

Il est curieux de constater qu'en 1889 les importations françaises avaient repris dans le commerce avec les colo-

(1) XII. B. 929, n° 15483.
(2) XII. B. 913, n° 15264.

nies la place qu'elles avaient occupé avant la suppression des droits de douane (1).

.˙.

Les colonies n'étaient point sorties de l'ère des difficultés. Les adversaires du sénatus-consulte de 1866 n'avaient point désarmé. Protectionnistes et partisans de l'assimilation réunissaient leur forces.

D'autre part, le Gouvernement entendait conserver, à l'égard de l'Octroi de mer, les prérogatives que n'énonçait pas nettement le sénatus-consulte, mais qu'avait précisées le décret du 11 août 1866.

L'Administration revendiquait, pour la métropole, le droit d'établir l'assiette et le mode de répartition de l'Octroi. Des divergences s'étant ainsi manifestées plus particulièrement au cours de l'année 1887, entre l'Administration et le Conseil général, ce dernier, dans la séance du 24 décembre 1887, adoptait la répartition de l'Octroi entre les communes, et sollicitait en même temps l'avis du Conseil d'Etat.

Le Conseil d'Etat répondit en donnant tort aux colonies. Et ce n'est plus l'établissement de l'assiette et du mode de perception seuls qu'il leur contestait, mais aussi la répartition entre les communes (2).

---

(1) De 1885 à 1889, import. françaises 40 0/0 ; étrangères 60 0/0 ; mais pour 1887, 1888, 1889 : françaises 45 0/0 ; étrangères 55 0/0.

(2) C. d'Etat. Avis 13 mars 1889.

Le Conseil d'Etat prétendit que toutes ces matières rentraient dans les attributions du pouvoir métropolitain et qu'il tenait ces dernières du sénatus-consulte de 1866, mais aussi de celui de 1854.

Le sénatus-consulte de 1854 laissait tous pouvoirs au gouvernement métropolitain « sur l'administration municipale, en ce qui n'est pas réglé par le présent sénatus-consulte (1) ».

D'autre part, l'article 2 du sénatus-consulte de 1866 s'exprimait nettement : « Le Conseil général *vote* les tarifs ».

Par déduction, le Conseil d'état concluait que tout ce qui n'était pas expressément spécifié, dépendait du seul pouvoir métropolitain, d'autant plus que le décret du 11 août 1866 avait proclamé ses prérogatives en ce qui concerne l'assiette et le mode de perception des taxes et contributions.

Le sous-secrétaire d'état aux colonies, M. Eugène Etienne, s'empressait d'informer le gouvernement de la Réunion de la nouvelle interprétation. « Il ne vous échappe pas, disait sa dépêche, que l'interprétation donnée par le Conseil d'état aux sénatus-consultes de 1854 et de 1866 infirme *pour ainsi dire*, les actes qui régissent l'octroi de mer dans la colonie.

Il ressort en effet de cette interprétation que les pouvoirs du Conseil général en matière d'octroi de mer se bornent au vote des tarifs et qu'il n'appartient pas à l'as-

____

(1) S. C. 3 mai 1854. art. 6 § 8.

semblée locale de délibérer sur l'assiette de cette taxe En un mot, le Conseil général ne doit voter le tarif qu'après qu'un décret a arrêté les bases de la perception de l'octroi de mer.

C'est également au pouvoir métropolitain, d'après la doctrine du Conseil d'État, que le sénatus-consulte de 1854 a donné le droit de fixer le mode de répartition du produit de l'octroi de mer entre les communes ».

Le décret que laissait prévoir la dépêche ministérielle fut rendu pour chaque colonie. Les dispositions sont les mêmes pour chacune des trois colonies.

Pour la Martinique, rendu le 7 décembre 1889, il fut promulgué le 28 janvier 1890.

Pour la Guadeloupe c'est le décret du 16 mars 1891.

Pour la Réunion, c'est le décret du 17 février 1891.

D'après ces décrets, la répartition des droits d'octroi de mer était faite entre les communes : la moitié au prorata de leur population, la moitié d'après le montant de leurs dépenses obligatoires.

La liquidation des droits restait attribuée au service des douanes.

Sont exonérés des droits d'octroi :

1° Les vivres, matières et objets de toute nature destinés aux divers services de l'État, de la colonie, ou aux communes ;

2° Les ornements d'église et les objets destinés aux cultes, importés directement pour le compte des fabriques ;

3 Les objets mobiliers, outils, livres et instruments

d'art ou de mécanique, importés par ou pour des personnes venant s'établir dans la colonie ;

4° Les effets à l'usage des voyageurs ;

5° Les effets d'uniforme pour les officiers et fonctionnaires, d'habillement et d'équipement pour les troupes et pour le service actif des douanes (masse d'habillement) ;

6° Les instruments, cables, fil et autres matières nécessaires au service et à la construction des lignes télégraphiques et téléphoniques subventionnées par la colonie;

7° Le matériel et les approvisionnements des compagnies de navigation subventionnées par l'État ou la colonie.

Le paragraphe précédent a été modifié par un décret du président Carnot, en date du 19 août 1891, promulgué le 1er octobre 1891, ainsi qu'il suit.

7°... subventionnées par l'État ou la colonie autres que celles faisant le transport des marchandises ou des voyageurs entre les divers ports de la colonie ».

A tous ces Décrets était annexé un tableau déterminant l'assiette de l'Octroi de mer. Tous les objets susceptibles d'être taxés y figuraient avec l'unité servant de base à la taxation.

Les Conseils généraux des colonies votèrent les tarifs d'après ce tableau.

En ce qui concerne la Caisse de Réserve et de Prévoyance des communes, créée à la Martinique, une dépêche ministérielle du 8 janvier rappela « que les fonds provenant de l'Octroi de mer sont la propriété des communes et doivent être intégralement répartis entre elles après prélèvement des frais de perception ; il appartient d'ailleurs aux administrations municipales de gérer la fortune des communes dans les conditions prévues par la loi du 5 avril 1884.

Le fonctionnement de la Caisse de Réserve aurait, du reste, été, pour la colonie, une source d'inconvénients, étant donné que les demandes d'emprunt pourraient se produire pour une somme supérieure aux fonds disponibles, et que l'Administration locale se serait trouvée fort embarrassée pour les accueillir ou les repousser sans froisser aucun intérêt ».

Ce fut dans le même sens que se décida le Conseil d'Etat au sujet de certains prélèvements opérés sur l'Octroi de mer pour les dépenses de l'instruction primaire à la Guadeloupe ;

« Considérant que l'Octroi de mer constitue un impôt exclusivement communal ; — que si la perception en est faite par les soins d'un service dépendant de la colonie, pour le compte des communes syndiquées, on ne saurait tirer de ce fait aucun argument en faveur du droit pour la colonie de retenir une part de cet impôt plus élevée que la somme nécessaire pour faire face aux frais de perception ;

« Considérant que toutes les ressources des communes doivent être inscrites à leurs budgets, versées dans la Caisse communale et affectées, à moins de dispositions légales contraires, à l'ensemble des dépenses ; — que l'on ne saurait effectuer un prélèvement préalable sur l'Octroi de mer en vue d'assurer au Budget local ou à une Caisse des écoles, les ressources qui leur font défaut ».

Après les Décrets, tout semblait définitivement réglé, et les attributions respectives de la métropole et des colonies, nettement déterminées.

CHAPITRE III

L'OCTROI DE MER APRÈS 1892

Discussion du tarif général des douanes. Protestations dans les colonies.

La loi du 8 janvier 1892. Articles 3 et 6.

Le tarif général est appliqué aux colonies.

Les Conseils généraux recouvrent en matière d'octroi de mer les attributions qui leur avaient été contestées par le Conseil d'Etat.

Le vote des tarifs doit être rendu exécutoire par décrets.

Les nouveaux tarifs.

Malgré tout, la situation des colonies était mal assurée au point de vue commercial. Le protectionnisme était en faveur et méconnaissait les libertés reconnues aux colonies par le sénatus-consulte de 1866. Le prétexte s'offrait d'ailleurs de les leur disputer, en présence de la crise subie par le commerce français dans les colonies depuis la suppression des douanes. Tandis que de 1860 à 1876, le commerce spécial de la France passait de 4.360.000.000 à 7.564.000.000 fr., le commerce avec les colonies tombait de 184 millions à 116 millions.

Aussi, lors de la discussion du tarif de 1881, les repré-

sentants des régions manufacturières de tissus déposèrent-
ils un amendement ainsi conçu (amendement Villiers) :
Remplacer l'article 2 du projet par les dispositions suivantes :

« Les droits établis par le tarif général sont applicables
aux produits naturels ou fabriqués, d'origine étrangère, importés dans les colonies et possessions françaises.

Ces droits ne sont pas applicables aux produits français importés dans nos colonies, ni aux produits de nos
colonies importés en France. *Les tarifs d'Octroi de mer
ne pourront être établis ni maintenus dans les colonies
qu'en vertu d'une loi* ».

L'amendement d'ailleurs ne fut pas examiné par la
commission, puis fut retiré par son auteur après discussion avec M. de *Mahy*, député de la Réunion.

Le seul fait qu'il avait pu être déposé émut vivement
les colonies, et leurs Conseils généraux protestèrent vivement auprès du gouvernement de la métropole. Ils faisaient ressortir que la moindre atteinte au sénatus-
consulte de 1866 jetterait la plus grande perturbation
dans les colonies, en les privant de la meilleure de leurs
ressources.

Ils protestèrent encore, après la publication des décrets
de 1891 qui les dépouillaient de leurs attributions, en ce
qui concerne le vote de l'assiette, du mode de perception
et de la répartition de l'Octroi de mer. « La répartition
n'a jamais été envisagée, disaient-ils, dans le sénatus-

consulte de 1866. Comment un décret pourrait-il suppléer au silence ou à l'équivoque d'une loi ?

Le Sous-Secrétaire d'État avait promis d'ailleurs, paraît-il, de faire rapporter le décret. Mais l'on se trouvait en ce moment en pleine discussion du tarif des douanes.

Protectionnistes et partisans de l'assimilation se retrouvaient d'accord pour ébranler l'édifice établi en 1866. Ils réussirent d'ailleurs, puisque l'article 3 du projet de la Commission fut voté : Art. 3, § 3. « *Les produits étrangers* importés dans les colonies, les possessions françaises et les pays de protectorat français, à l'exception des territoires énumérés au § 2, sont *soumis aux mêmes droits que s'ils étaient importés en France.* »

L'article 3 est inconstitutionnel, prétendaient les colonies. La Chambre et le Sénat n'ont pas le droit de modifier, par une disposition organique insérée dans une loi douanière, un article quelconque du sénatus-consulte de 1866. C'est au pouvoir constituant de décider (Constitution de 1875, article 8).

Le sénatus-consulte de 1866 était un contrat entre la métropole et les colonies, qui ne pouvait être rompu sans la volonté des deux parties. Félix Faure l'avait proclamé en 1883.

Les droits d'entrée nouveaux et rigoureux seraient un accroissement de charges pour les contribuables.

La population décroit. Les revenus diminuent. Le marché local diminuera.

Surtout les produits étrangers passeront par la France,

francisés, avec la faveur des tarifs conventionnels. Ils deviendront une concurrence dangereuse pour les produits nationaux. Ce sera une grande perte pour le trésor local et un accroissement de charges pour les consommateurs.

Et dans sa séance du 3 décembre 1891, le Conseil général de la Réunion votait les conclusions de sa commission :

« Vu l'article 3 du projet de loi sur le tarif général des douanes, discuté et voté par la Chambre des Députés, dans sa séance du 17 juillet dernier et actuellement soumis au Sénat.

Considérant que cet article dépouille le Conseil général d'une de ses plus précieuses attributions qu'il tient du sénatus-consulte du 4 juillet 1866, art. 2, bouleverse l'économie du budget local et trouble profondément le régime commercial des colonies, en vue d'assurer, sans compensations sérieuses pour elles, une protection à l'industrie métropolitaine, comme sous le régime du pacte colonial,

Considérant qu'en transportant les dépenses du service local des douanes, de la section des dépenses facultatives, dans celle des dépenses obligatoires, ledit article modifie encore le sénatus-consulte du 4 juillet 1866, dont l'article 7 a énuméré limitativement les dépenses obligatoires qui doivent être inscrites au budget de la colonie,

Considérant que l'apparence de réciprocité qu'on s'est appliqué à faire ressortir de l'article 3 de la nouvelle loi est un leurre, attendu que la modération des droits perçus sur les cafés et les vanilles des colonies françaises à leur entrée en France n'est qu'un avantage contestable et minime, tandis que rien ne sera changé au régime de nos sucres, lesquels constituent l'article le plus considérable de l'exportation de la colonie,

Par ces motifs,

Se référant aux votes pris à l'unanimité par lui-même en 1875 et 1880,

Proteste énergiquement contre l'article 3 du projet du tarif général des douanes voté par la Chambre des Députés et déclare qu'il y a lieu de s'en tenir au *statu quo* et de maintenir dans son intégrité, et avec l'interprétation qui lui a été donnée par les autorités compétentes, l'article 2 du sénatus-consulte du 4 juillet 1866 (1).

Mais déjà la cohésion n'était déjà plus aussi grande parmi les colonies, et dans les Antilles, la politique avait fait son entrée néfaste. Pour la conquête des sièges électifs, on commençait à oublier la défense des intérêts généraux des colonies. Des discussions éclatèrent, dont s'emparèrent très habilement les adversaires du sénatus-consulte.

Les représentants de la Réunion, eux, ne cessèrent de protester contre cet état d'esprit et contre les mesures tendant à la suppression des libertés commerciales. Et cependant, malgré les lettres protestant de leur fidélité et de leur énergie qu'ils envoyaient à chaque session au Conseil

____

(1) Compte rendu Conseil général 3 décembre 1891.

général, ils ne protestèrent pas au Parlement, lorsque l'article 3 vint en discussion et fut voté à l'unanimité.

« Il faut courber la tête » disait M. Dejean de la Batie dans la séance du 24 décembre 1891, « demander l'assimilation absolue ou bien défendre énergiquement les principes d'autonomie qui ont été proclamés ici par nos devanciers ».

Et tout en protestant encore contre le projet voté à la Chambre, le Conseil général dans la même séance, votait la proposition suivante :

« Toutefois, prévoyant le reste de la loi douanière et ne voulant pas laisser en souffrance les intérêts des contribuables de la colonie, décide qu'il se rendra à la demande du gouvernement et lui indiquera les articles de provenance étrangère que les besoins de l'Ile commandent de soumettre aux tarifs spéciaux qu'établira le Conseil d'État...

Avec l'article 3 de la loi du 8 janvier 1892, c'était l'assimilation absolue des vieilles colonies à la métrople. C'est encore le régime actuel. Les vielles colonies étaient déchues de la liberté qu'elles avaient péniblement conquises. La métropole redevenait maîtresse de la fixation des tarifs de douane applicables aux colonies. « La France reste le grand marché de nos colonies, disait le rapporteur, M. Thomson, lors de la discussion du tarif général ; mais ce que je ne voudrais pas, c'est que les colonies qui viennent vendre leurs produits en France aillent acheter à l'étranger les marchandises dont elles ont besoin ».

Cependant, dans l'application de ce principe absolu, il en résulte pour les colonies de gros inconvénients et de fâcheux obstacles au développement du commerce de certaines denrées et marchandises. Aujourd'hui encore, les colonies éloignées peuvent difficilement se procurer certains objets manufacturés, entr'autres les pièces détachées et les machines propres aux industries locales. Elles sont obligées de s'adresser, même dans les cas urgents, à la métropole, et malgré les progrès de la navigation de longs retards en résultent. Les frais de transport grèvent lourdement le prix de revient tandis que les pays étrangers voisins pourraient les approvisionner, n'était l'exagération des droits de douane. Les intérêts particuliers des colonies sont quelque peu délaissés.

La loi de 1892 fut promulguée le 26 novembre 1892 à la Réunion, le 29 novembre 1892 à la Martinique, à la Guadeloupe et à la Guyane. Le tarif général de la métropole leur était appliqué avec les exemptions et immunités y attachées.

Mais la loi de 1892 s'était occupée aussi de l'Octroi de mer. En compensation de la perte du droit de fixer elles-mêmes leurs tarifs de douane, les colonies recouvraient certaines attributions qui leur avaient été contestées.

Le Conseil d'État avait tiré des sénatus-consultes de 1854 et de 1866 et du décret du 11 août 1866 l'interdiction, pour les colonies, de voter l'assiette, le mode de perception et aussi le mode de répartition de l'Octroi de mer. Se conformant aux avis du Conseil d'État, les décrets de 1891 étaient intervenus pour régler la matière. Le Sous-Secrétaire d'État avait promis de faire rapporter ces décrets. Ce fut le résultat de la discussion sur le tarif de 1892.

L'article 6 de la loi du 8 janvier 1892 est ainsi conçu :

« Le mode d'assiette, les règles de perception et le mode de répartition de l'Octroi de mer seront établis par les délibérations du Conseil général ou des Conseils d'administration approuvées par décrets rendus dans la forme des règlements d'administration publique ».

La ratification de la métropole était certes exigée, mais ce n'était plus le même degré d'interdiction et une certaine latitude était laissée aux colonies.

Quant aux tarifs d'octroi de mer, ils étaient « votés par les Conseils généraux ou les Conseils d'administration des colonies. Ils seront rendus exécutoires par décrets rendus sur le rapport du Ministre du Commerce, de l'Industrie et des colonies. Ils pourront être provisoirement mis à exécution en vertu d'arrêtés du gouverneur.

Liberté étendue sur l'assiette, la répartition, la perception de la taxe ; liberté restreinte sur le vote même de son tarif. En fait, malgré ces restrictions, l'ère des difficultés semblait close. L'Octroi de mer était définitivement réglementé. Son histoire était terminée depuis la promulgation de la loi de 1892. Les tarifs qui suivirent sont tous basés sur ceux établis en 1891. Quelques modifications, quelques remaniements de détail furent seulement effectués.

A la Guadeloupe, le tarif fut remanié par les Décrets

des 20 octobre 1897, 23 octobre 1898, 12 janvier 1900.

Le Décret du 3 juin 1902, portant approbation d'une délibération du Conseil général du 18 décembre 1901, fixait uniformément à 20 fr. le droit d'octroi sur les chevaux qui était autrefois de 20 fr. au-dessous de 1^{m}38 et de 75 fr. au-dessus. Il s'agissait de favoriser l'amélioration de la race locale.

En conformité d'une dépêche ministérielle du 8 mai 1892, une commission avait été nommée à l'effet :

1° D'étudier un projet de remaniement du mode d'assiette, des règles de perception et du mode de répartition des droits d'Octroi de mer dans la colonie ;

2° D'indiquer ceux des droits d'Octroi de mer qui pourraient être remplacés par des droits de douane, afin de permettre à la colonie de prendre à son compte, sans aggravation de charges pour le budget local, les dépenses et allocations attribuées au personnel des écoles élémentaires et des écoles maternelles, jusqu'ici supportées par les communes.

C'était une atteinte portée par la métropole à la thèse, toujours soutenue par elle, de l'Octroi de mer « taxe uniquement *municipale* ». Elle se comprenait, il est vrai, par le transport des charges de l'instruction primaire des communes à la colonie elle-même et pouvait se justifier par cela même.

Les résultats des travaux de la Commission nommée à cet effet firent l'objet d'une délibération du Conseil général de la Guadeloupe, en date du 8 décembre 1902, et 'sanctionnés par son vote. Un Décret du 5 septembre 1903 approuve cette délibération.

Des droits devaient être perçus sur les objets compris au tarif d'Octroi de mer et qui viendraient à être récoltés, préparés ou fabriqués dans la commune (1). C'était la question des *similaires* qui se reposait à nouveau. Les Décrets de 1891 les avait exemptés.

Des procès en répétition avaient été introduits contre la colonie. C'est à la suite de ces procès que, par mesure de prudence, les similaires du cru furent taxés.

Sur le produit brut des recettes de l'Octroi de mer, comme l'avait demandé le Gouvernement, il était prélevé, au profit du budget local, le montant des dépenses de l'instruction primaire (2).

Enfin, les conditions étaient spécifiées de la culture du tabac, et à l'entrée seulement, étaient taxées les cigarettes, le tabac haché et le tabac à macher (3).

Un Décret du 9 mai 1907 ajoutait, au tableau des exemptions et immunités annexé aux Décrets du 5 septembre 1903, les machines agricoles et industrielles.

Un autre Décret du 14 mai 1907 apportait quelques modifications au tarif de l'Octroi de mer.

A la Martinique, une délibération du Conseil général du 27 janvier 1892 avait rétabli le droit d'Octroi de mer sur les denrées coloniales figurant au tableau E du tarif

(1) Art. 2, no 2.
(2) Art. 4, § 4.
(3) Note marginale du tarif, p. 8.

général métropolitain, exception faite pour le cacao. Par délibération du 26 février 1892, rendue exécutoire par arrêté du 27 février, le cacao fut taxé à 104 fr. les 100 kilos (fèves et pellicules), à 150 fr. les 100 kilos (broyé, en pâte, tablettes ou poudre, beurre de cacao). Des modifications légères furent apportées ensuite par les arrêtés des 29 décembre 1892, 30 décembre 1893 et 29 décembre 1894.

Parmi les denrées coloniales du tarif du 29 décembre 1892, seules, la mélasse et la canne à sucre étaient exemptes.

Un Décret du 27 août 1898 approuva la délibération du Conseil général de la Martinique du 24 décembre 1897.

Il avait pour but de soumettre aux droits de douane plusieurs articles actuellement admis en franchise, tandis que le remaniement corrélatif de l'Octroi de mer permettait d'exempter de cette taxe les mêmes marchandises, de sorte que ces mesures simultanées avaient pour effet de déclasser quelques articles qui étaient supprimés au tarif d'Octroi de mer et rétablis à celui des Douanes. Ce transfert s'explique aisément par le fait suivant : Le Conseil général ayant demandé de prendre à la charge de la colonie les dépenses de l'instruction primaire, jusqu'à présent supportées par la commune, se préoccupait de ménager au budget local les ressources permettant de faire face à ces dépenses nouvelles. C'est dans ce but qu'il a proposé de convertir en droits de douane, bénéficiant au budget local, quelques droits perçus au titre de l'Octroi de mer, c'est-à-dire pour le compte des municipalités.

Là était la véritable solution de la question portée, en 1902, par le Gouvernement lui-même, devant le Conseil général de la Guadeloupe. On conservait ainsi à l'Octroi de mer un véritable caractère *municipal*.

Vinrent ensuite l'arrêté du 15 mars et les décrets du 16 mai 1899 et du 3 juin 1902, les arrêtés du 21 mars 1903 et 16 mai 1905. Un nouveau tarif est en préparation.

A la Réunion, c'est toujours l'arrêté du 17 février 1891 qui est en vigueur, remanié par les décrets des 26 février et 9 juillet 1906.

Ainsi finit l'histoire de l'Octroi de mer à travers toutes les variations du régime politique et économique des colonies françaises.

CHAPITRE IV

NATURE DE L'OCTROI DE MER

Absence d'une détermination exacte.

Dans l'esprit de ses créateurs, ce devait être un octroi municipal, comme les octrois métropolitains.

Caractéristiques de l'octroi municipal.

Caractère communs à l'octroi de mer et à l'octroi municipal : attribution aux communes.

Leurs différences :

    1° Celles qui ne sont qu'accessoires.

        Qualification.

        Nature de la marchandise imposée. Législation des octrois non promulguée.

        Mode de perception.

    2° Celles qui sont caractéristiques.

        L'octroi de mer ne frappe pas les similaires.

        Intérêt de la discussion avant 1866. Les procès en restitution de droits d'octrois.

        Il joue le rôle d'impôt protecteur et différentiel. C'est une taxe douanière.

        Il s'étend à la consommation générale du pays et ne se borne pas à la consommation locale. C'est un droit de douane.

L'octroi de mer est donc considéré comme un droit de douane. Nécessité d'une réglementation définitive.

A travers l'agitation de son développement et les modifications qu'il a supportées, est-il possible de déterminer nettement la nature de l'Octroi de mer? Son apparition au hasard des circonstances, sous des noms différents ici et là, c'est un fait; mais jamais la législation n'en a affirmé officiellement le caractère. Il ne l'est point encore aujourd'hui. Dans le sénatus-consulte de 1866, le vocable apparaît. Il réunit une fois pour toutes les taxes semblables établies dans les colonies, et c'est tout. Malgré les discussions qui eurent lieu à son sujet au Parlement, notamment de 1867 à 1870, et lors du vote du tarif général de 1892, la loi du 8 janvier 1892 demeure aussi muette.

Et cependant, la détermination de la nature d'une taxe a une grande importance, en raison des *règles* à y appliquer.

Qu'est-ce que l'Octroi de mer? Est-ce un droit d'octroi analogue à celui qui existe dans toutes les communes de la métropole? N'est-ce, au contraire, qu'une taxe douanière? Là est toute la discussion.

Et selon qu'il sera l'une ou l'autre, l'Octroi de mer se trouvera soumis à telles ou telles dispositions, à telle ou telle législation.

Ne serait-il pas, comme l'ont prétendu certains, une taxe *sui generis?* Encore aurait-il fallu en établir les principes.

Le point de vue économique commande le point de vue juridique, et les nombreux procès qui ont été engagés en restitution de droits d'octroi, font apparaître l'intérêt d'une juste définition. Ils se rapportent surtout à la période antérieure au sénatus-consulte de 1866, à la période d'apparition et de développement tâto...nant de la nouvelle taxe. Mais sa reconnaissance effectuée dans le sénatus-consulte de 1866 et dans le loi de 1892 n'a pas éteint toutes querelles. Le besoin est tout encore aussi grand de précisions à son égard.

Il n'y a aucun doute que, dans l'esprit de ses créateurs, l'Octroi de mer ait été considéré comme l'équivalent du droit d'octroi existant dans la métropole.

Les communes des colonies n'avaient pas les mêmes ressources que celles de France. Elles n'avaient que peu de propriétés communales, et surtout l'absence de contribution foncière sur les propriétés non bâties les privait des centimes additionnels y afférents, élément moins que négligeable dans l'ensemble des finances communales.

C'est donc pour suppléer à cette infériorité, qu'en présence de l'augmentation de leurs charges, les colonies introduisirent chez elles l'Octroi de mer.

Son caractère essentiellement municipal n'a jamais cessé d'être proclamé dans les Conseils élus des colonies. Et d'ailleurs, les Gouverneurs qui l'établirent basèrent leurs arrêtés sur les dispositions des constitutions locales et de la loi de 1833, déterminant leurs pouvoirs en matière d'administration municipale, en particulier l'article 11 de la loi du 24 avril 1833.

« Le Gouverneur rend des arrêtés et des décisions pour régler les matières *d'administration...* et de police... »

Dans sa dépêche du 10 avril 1874, le Ministre de la marine et des colonies rappelait que le caractère municipal de l'Octroi de mer n'avait pas cessé d'être soutenu par le Gouvernement de la métropole, que l'exposé des motifs du sénatus-consulte du 4 juillet 1866 constatait que cet impôt profitait aux communes ; que ce même caractère lui a été reconnu lors des discussions qui se sont produites de 1867 à 1869 devant le Sénat et le Corps législatif, et notamment dans la séance du 16 avril 1868, où le Ministre d'Etat prononçait ces paroles : « ... L'Octroi de mer a été créé pour donner des ressources aux municipalités des colonies... ».

Pourquoi alors toutes les discussions qui ont été soulevées, si l'établissement de l'Octroi de mer avait été effectué dans les conditions réglant les octrois municipaux et s'il n'avait jamais cessé de conserver les caractères constitutifs de ces derniers. Mais c'est justement ce qui lui a été contesté.

Il nous est facile, par le tracé qui a été refait de son histoire, de récapituler les éléments primordiaux de l'Octroi de mer, qui serviront de termes de comparaison.

D'une façon générale, l'Octroi de mer, comme l'Octroi municipal, ne profite qu'aux communes.

Au début, à la Guadeloupe et à la Martinique, il ne profita qu'aux communes où il était perçu, c'est-à-dire aux ports ouverts au commerce. Mais cette mesure était dictée par des circonstances particulières.

A la *Guadeloupe*, par l'ordonnance du 24 décembre 1825, l'Octroi de mer n'était réparti qu'entre les ports de Basse-Terre, de la Pointe-à-Pitre, du Grand-Bourg, de Marie-Galante, du Bourg, *au prorata des quantités de marchandises imposées*.

Dès l'arrêté du 21 décembre 1847, il est réparti *entre toutes les communes*, au prorata de la population libre. Exception n'est faite que pour le port de Saint-Martin, île détachée, qui conserve par devers-lui toutes les sommes perçues.

A la Martinique, ce fut identiquement la même évolution. L'Octroi du décret du 6 décembre 1836, perçu à Fort-Royal, Saint-Pierre et la Trinité, n'est réparti qu'entre ces trois communes; cependant, si la Trinité conserve tous les droits perçus, ceux perçus à Fort-Royal et à Saint-Pierre sont répartis inégalement : un tiers au profit de Fort-Royal ; deux tiers au profit de Saint-Pierre. Mais l'octroi, établi spécialement par le décret du 18 janvier 1837, ne profite plus aux ports où il est perçu. Il a été accordé en compensation de sacrifices à eux demandés par la colonie. Les ports se déchargent de ces sacrifices en abandonnant à la colonie les droits d'octroi qui ne passent même plus par leurs caisses.

Ces taxes furent supprimées par l'Ordonnance du 11 septembre 1837, comme ne comportant pas le caractère essentiellement municipal accordé à l'Octroi de mer.

Et, dès le décret colonial du 29 décembre 1837, l'octroi est définitivement réparti « entre Saint-Pierre, Fort-Royal et *les autres communes de la colonie* ».

A la Réunion, dès son établissement, l'Octroi de mer est réparti par l'arrêté du 13 décembre 1850 *entre toutes les communes.*

Nous avons vu que dans sa séance du 28 juin 1868, le Conseil général de la Guadeloupe, en votant un nouveau tarif d'Octroi de mer, prétendait le transformer en un impôt local. La colonie ne devait en restituer aux communes que la moitié du produit. Le gouvernement de la métropole n'accepta pas ce projet, en se basant sur les dispositions du décret du 11 août 1866 et le renvoya à un nouvel examen du Conseil général.

Dans le projet de budget pour l'exercice 1874, la commission du Conseil général de la Réunion avait de même compris l'Octroi de mer parmi les contributions *locales* attribuées aux communes.

« La colonie, disait le rapporteur, peut en déléguer le produit aux communes, comme elle leur délègue déjà une partie des impôts directs et du droit de sortie, mais il lui serait également facultatif de l'appliquer à ses propres dépenses. L'Octroi de mer va-t-il changer de nature et de caractère... parce qu'il profitera au service local au lieu de profiter aux communes? Rien n'autorise une pareille interprétation ».

Et le rapporteur de 1867 avait déjà dit : « l'Octroi de mer est « un octroi *sui généris* » établi aux portes de la colonie, non de telle ou telle ville, dont par conséquent les revenus appartiennent à la colonie ».

Mais le Conseil général refusa de sanctionner la proposition qui lui était faite, et les dépêches ministérielles du 10 avril et du 10 novembre 1874 rappellent au Conseil général le caractère essentiellement municipal de l'Octroi de mer.

Ainsi en fut-il pour les fonds de réserve et la caisse de réserve et de prévoyance dont la création avait été votée par les Conseils généraux. Dans sa dépêche ministérielle du 8 janvier 1891, concernant spécialement la Martinique, le Ministre rappelle « que les fonds provenant de l'Octroi de mer, sont la propriété des communes et doivent être intégralement répartis entre elles après prélèvement des frais de perception ».

Le Conseil d'État avait d'ailleurs retiré aux Conseils généraux le droit de voter le mode de perception et de répartition et dans les décrets des 28 janvier 1890, 17 février et 16 mars 1891, le gouvernement avait pris soin de déterminer les prélèvements à opérer sur le produit de l'Octroi de mer, pour l'indemnité à accorder au service des douanes, au trésorier, aux receveurs et aux fonctionnaires des finances chargés de centraliser et de répartir les fonds.

A cet égard, l'Octroi de mer demeure bien une taxe exclusivement communale, et il possède sans discussion aucune, un des éléments constitutifs de l'Octroi municipal de la métropole : l'attribution aux budgets communaux.

Il importe peu que le produit de cet octroi ait été réparti entre les diverses communes de l'île, au lieu d'être versé au Trésor Public : « que cette affectation spéciale ne saurait, pas plus que la classification sous laquelle elle est perçue, en changer la nature essentielle » (1).

Mais possède t-il en outre l'autre élément constitutif que l'on reconnaît unanimement à l'octroi municipal : un caractère purement *fiscal*, exclusif du caractère protecteur différentiel qui est l'attribut du droit de douane?

Tous les autres éléments ne sont qu'accessoires.

Ainsi en est-il du mode de perception. A la Martinique, comme à la Guadeloupe, comme à la Réunion, l'Octroi de mer était perçu par les employés du service des douanes, et les dispositions relatives aux douanes, en ce qui concerne les déclarations, les expertises, les entrepôts, avaient été rendues communes aux Octrois de mer.

N'y avait-il pas là un caractère incompatible avec la nature de l'octroi municipal ?

« Attendu que le titre de l'employé chargé de percevoir l'impôt n'en change pas la nature ; que s'il en était autrement, les charges accessoires de navigation, qui sont ici recouvrées par les agents des *Douanes*, cesseraient d'être des recettes affectées au service local pour devenir des impôts douaniers au profit du service général, alors cependant qu'aux termes des articles 4 et 5 de

(1) Cass. 11 mars 1885. D. P. 86. 1. 115.

la loi d'avril 1833 et de la loi de finances 1841, il appartient au Conseil colonial de les réglementer, que du reste le choix du percepteur, en l'espèce, se justifie facilement par un but de régularité et d'économie (1).

Et la Chambre civile de la Cour de cassation, dans l'examen du pourvoi contre l'arrêté précité, décide comme un des motifs de cassation « que de plus il est perçu à l'importation par des agents de la douane (2) ».

Ce motif, qu'on retrouve encore dans l'arrêt du 19 février 1868, n'est plus reproduit ensuite. La Cour suprême ne le considérait d'ailleurs que comme un subsidiaire.

C'est, qu'en effet, les droits de sortie remplaçant l'impôt foncier à la colonie, étaient perçus pour la colonie par le service des douanes. Il en était de même pour les droits de navigation. Et l'on aurait pu rapprocher de cette pratique l'exemple rare il est vrai, de quelques pays de France, l'île d'Oléron notamment.

Comment la Cour de cassation eut-elle à statuer sur la nature de taxes indirectes ? Il semble logique que seule, la juridiction administrative eut été compétente.

Les procès avaient commencé à la Réunion. La maison Lacaussade, manufacture de tabacs, à Saint-Denis, demandait la restitution des droits versés par elle, tant en vertu de l'arrêté du gouverneur du 17 juillet 1850 établissant un droit de fabrication sur les tabacs, qu'en vertu de

____

(1) Cour d'appel. Réunion 8 août 1857. D. P. 1861. 1. 203.
(2) Cass. civ. 7 mai 1861. D. P. 1861, 1. 203.

l'arrêté du 13 décembre 1850 établissant un octroi de mer à la Réunion. La maison Lacaussade soutenait que les deux précédents arrêtés étaient illégaux et anticonstitutionnels. L'affaire fut portée devant le Tribunal civil de Saint-Denis, dont le jugement porte la date du 17 février 1852. Mais devant la Cour, l'administration prit un arrêté de conflit et le Conseil d'État eut à statuer sur celui-ci, le 4 septembre 1856.

« Que d'après les lois des 7 et 11 septembre 1790, 5 ventôse an XII, l'autorité judiciaire connaît seule des actions relatives à la perception des impôts indirects et qu'elle est seule compétente pour statuer sur les contestations qui peuvent s'élever sur le fond des droits à percevoir, d'où il suit qu'elle est nécessairement appelée à apprécier la validité et la légalité des actes en vertu desquels les contributions indirectes sont recouvrées (1) ».

C'est ainsi que l'autorité judiciaire eut seule à connaître des différents procès qui eurent lieu à l'occasion de l'Octroi de mer.

Il est bien évident, en toute logique, en toute raison, que la nature d'une taxe ne se détermine pas par la qualification qui lui est donnée. Toutes les décisions judiciaires sont d'accord sur ce point. Qu'on l'appelle droit d'Octroi, Octroi municipal ou Octroi de mer, la taxe que nous avons étudiée ne peut constituer un véritable droit d'Octroi, que si elle en réunit tous les caractères distinctifs.

(1) Cons. d'Etat fin. 4 sept. 1856. D. P. 57. 3. 30.

Un troisième chef d'argumentation était que la législation métropolitaine concernant l'Octroi, en particulier le décret du 17 mai 1809, n'avait pas été promulguée dans les colonies ; que l'Octroi n'y pouvait être établi.

« Qu'on ne saurait non plus objecter que les lois autorisant et régissant l'Octroi dans la métropole n'ont pas été promulguées dans la colonie, et que l'article 42, § 5 de l'arrêté du 22 juillet 1834, reproduit dans celui du 12 novembre 1848, ne comprenant pas les droits d'octroi, les Conseils municipaux de la colonie n'ont pas été fondés à délibérer sur l'établissement de ce genre d'impôt ; que d'une part, il n'y avait pas à se préoccuper des lois de la France sur l'octroi, puisqu'en vertu de la loi organique d'avril 1833 et de celle des finances du 25 juin 1841, le Conseil colonial et ensuite le Gouverneur, ainsi que cela a déjà été établi, ont été investis du pouvoir *exclusif et indéterminé* de faire eux-mêmes des lois et de constituer l'impôt en pareilles matières ; que d'autre part, si le Conseil colonial, en réglementant tout ce qui concerne les communes, pouvait établir l'assiette et poser la base des contributions nécessaires à leur administration, il aurait pu également modifier l'article 42 du décret du 22 juillet 1834 et appeler spécialement les Conseils municipaux à donner leur avis sur l'établissement de l'Octroi, pour créer ensuite les taxes y relatives (1). »

(1) Cour Réunion. Arrêt 8 août 1857 précité.

En admettant même que la législation de l'Octroi métropolitain eut été promulguée dans les colonies, il eut fallu, disait-on, que l'Octroi se référât à la nomenclature du décret du 17 mai 1809. Or, les tarifs d'Octroi des colonies comprennent un grand nombre d'articles en dehors de ceux prévus en 1809 : boissons et liquides, comestibles, combustibles, fourrages et matériaux.

C'est ce que soutenait M. Pouyer-Quertier en 1868, au Corps législatif, quand il demandait que l'Octroi de mer ne s'appliquât qu'à ces cinq catégories.

S'il pouvait arguer d'un arrêt de la Cour de cassation, en ce sens, du 24 juin 1840, il n'en est pas moins vrai que la législation a souvent varié et a semblé étendre le mot de *consommation locale*, que seule au début l'Octroi pouvait frapper. Deux autres arrêts de la Cour suprême déclarent que l'article 147 de la loi du 28 avril 1816, qui confère aux Conseils municipaux le pouvoir de désigner les objets de consommation locale imposés aux droits d'Octroi, a abrogé l'article 11 de l'ordonnance du 9 décembre 1814, qui limitait les objets imposables à cinq catégories (1) (comme le faisait déjà le décret du 17 mai 1809).

De plus, les droits d'octroi, s'ils ne doivent frapper que les objets destinés à la consommation locale, peuvent être établis sur tous objets consommés dans le lieu assujetti, sans distinction entre les divers modes de con-

(1) Civil. Req. 18 fév. 52. D. P. 1852. 1. 66.— Civ. Req. 19 juil. 1854. D. P. 1854. 1. 324.

sommation, et sauf les seules exceptions résultant des dispositions expresses du tarif (1).

Enfin, ce critérium ne serait pas définitif, puisqu'il n'y a aucun empêchement en principe, à ce que les Douanes puissent elles-mêmes comprendre toutes denrées et toutes marchandises.

La véritable caractéristique de l'Octroi municipal est ailleurs. Dans les trois colonies, la taxe d'Octroi de mer frappait toutes les marchandises et denrées énumérées au tarif, *venant de l'extérieur*, de quelque provenance qu'elles soient, quel que soit le pavillon importateur. Par cela même, les produits des colonies, qui eux aussi sont livrés à la consommation locale, n'étaient pas atteints. Seuls, à la Réunion, la bière et le rhum étaient taxés dans des conditions déterminées. La Guadeloupe et la Martinique avaient conservé le tabac.

Or, l'ordonnance du 27 décembre 1814, relative aux octrois, portait que « les objets récoltés, préparés ou fabriqués dans l'intérieur d'un lieu soumis à l'octroi, ainsi que les bestiaux qui y sont abattus, seront toujours assujettis par le tarif aux mêmes droits que ceux introduits de l'extérieur » (2).

Le propre de l'octroi est de frapper toute la consom- mation locale, tous les produits consommés, qu'ils viennent de l'extérieur ou de l'intérieur du lieu so   s

______

(1) Cass. C. 28 nov. 1865. V. Cherbourg. D. P. 66. 1. 70. V. Brest. D. P. 66. 1. 72.

(2) Ord. 27 décembre 1814, art. 24.

à l'octroi. Or, aux colonies, leurs propres produits, sauf de rares exceptions, étaient épargnés. Les « similaires épargnés » étaient de peu d'importance, disait-on. Et c'était la thèse de M. l'avocat général Baudouin devant la Cour de cassation, en 1885, dans des conclusions contraires à celles que soutenait devant la même Cour, en 1861, M. l'avocat général De Raynal.

C'était aussi la thèse de la Cour d'appel de la Réunion :

« Attendu que le régime des douanes sur le marché colonial avait pour but la protection des produits français contre ceux de l'étranger et non contre quelques similaires de la colonie, lesquels étaient sans importance ou insuffisants pour la consommation locale ou bien ne se rencontraient dans une mesure appréciable qu'avec les produits des pays étrangers avec lesquels la France n'était liée par aucun traité de commerce ; que quant aux grands produits de la colonie, tels que sucre, café, etc., il est manifeste qu'ils n'avaient point à se défendre chez eux (1) ;

« Attendu à cet égard que sont légalement réputés droits de douane ceux qui frappent à l'importation tous les objets énoncés aux tarifs, marchandises ou matières venant du dehors, tandis que ces mêmes droits n'atteignent pas les objets similaires de l'intérieur, au regard duquel ils jouent ainsi le rôle de droits différentiels (2) ;

---

(1) Cour Réunion, 8 juillet 1882. D. P. 1886. 1. 115.
(2) Cass. 7 mai 1861. D. P. 1861. 1. 203.

« Attendu qu'en admettant même que le prétendu droit ainsi constitué et connu sous le nom d'Octroi de mer, qui n'a frappé que les marchandises importées du dehors, sans toucher du tout les objets similaires de l'intérieur, n'ait pu cependant, à raison du peu d'importance de ces objets, jouer vis-à-vis d'eux le rôle d'une taxe différentielle, il ne s'ensuit pas que ce droit *ne* doive être considéré comme un droit douanier s'il réunit, d'ailleurs, d'autres caractères de ce genre de taxe » (1).

La Réunion, par mesure de prudence, avait, d'ailleurs, par l'arrêté du 30 octobre 1861, écarté du tarif un certain nombre d'articles dont les similaires n'étaient point frappés dans la colonie :

« Attendu que cette modification a été impuissante à enlever, à la taxe établie, son caractère d'impôt douanier, puisqu'elle n'en continuait pas moins à atteindre, par sa quantité, la consommation de la colonie, et, qu'en outre, parmi les objets indiqués au nouveau tarif, figuraient quelques produits qui, sans avoir une similarité parfaite avec ceux de l'intérieur, pouvaient cependant être par eux remplacés sur le marché de la consommation ;

« Qu'il est vrai de dire, aussi, que l'arrêté de 1861 avait encore pour effet de faciliter l'introduction dans les colonies, en franchise de droits, des objets similaires de consommation produits par les pays étrangers, tels que Madagascar, Maurice ou l'Inde, tandis que les produits

(1) Cassat. 11 mars 1885. 1886. 1. 115.

de la métropole n'ayant avec ceux de l'intérieur de l'île qu'une similarité éloignée étaient grevés de prétendus droits d'octroi ;

« Qu'un pareil résultat était évidemment de nature à influencer les relations commerciales de la métropole avec les colonies » (1).

La Cour d'appel de Paris, devant laquelle l'affaire fut renvoyée, ajoutait :

« Qu'il suffit qu'il soit justifié en fait par les statistiques officielles de la colonie qu'il y existe un nombre appréciable de ces produits (similaires) dont l'importance, au surplus, ne saurait être méconnue pour que les droits établis par l'arrêté critiqué conservent le caractère protecteur et différentiel » (2).

C'est cependant sur l'étendue de la perception qu'appuyait la Cour de cassation pour distinguer l'Octroi de mer de l'octroi proprement dit.

Or, la taxe, dans les trois colonies, n'était perçue que dans les ports ouverts au commerce sur toutes les marchandises et denrées destinées à la consommation générale de l'île. Le produit de l'Octroi était centralisé par le trésorier et réparti entre les différentes communes.

Cette mesure pouvait s'expliquer par l'impossibilité d'établir des octrois à l'intérieur de chaque commune, en raison de la configuration du territoire, de l'éparpillement des habitations, etc.

(1) Cass. 11 mars 1885. D. P. 86. 1. 115.
(2) C. d'appel Paris. 20 juillet 1887. D. P. 1889. 1. 289.

La Cour de cassation ne l'admit point. En 1861, elle avait déjà décidé qu'en aucun cas et sous aucun prétexte, les droits d'Octroi qui se réfèrent uniquement à la consommation locale ne peuvent être étendus au-delà des limites de la commune où ils sont établis ; Constatant que dans les colonies ils embrassaient au contraire dans leur action la circonférence entière de l'île et frappaient ainsi sur tous les points la consommation générale ; elle reconnaissait que c'étaient de véritables droits de douanes (1).

. C'est ce caractère qu'elle considérait comme distinctif du droit d'Octroi et sur lequel elle appuyait dans son arrêt du 5 juin 1889 sur pourvoi interjeté contre l'arrêt de la Cour d'appel du 20 juillet 1887. C'est à cause de lui que l'Octroi de mer, disait-elle, affecte au point de vue du commerce les relations de la colonie avec la métropole et que ladite taxe présente des caractères qui sont constitutifs d'une taxe essentiellement douanière.

Ainsi donc, l'Octroi de mer était une véritable taxe douanière et la conséquence en effet que tous les arrêtés constitutifs, conformément aux règlements sur l'administration municipale, devaient être déclarés illégaux et anticonstitutionnels. Les constitutions locales des colonies comme l'article 2 de la loi du 24 avril 1833, laissaient au pouvoir métropolitain le soin d'établir les lois concernant le commerce extérieur et les douanes. Les procès qui

(1) 7 mai 1861. D. P. 61. 1. 203 ; 11 mars 1885. D. P. 86. 1. 115.

avaient été engagés contre les colonies, en restitution des sommes perçues en vertu des dits arrêtés, se terminèrent par la condamnation des colonies. A la Réunion, en 1880, il s'agissait d'environ cinq millions à restituer. Tous les commerçants d'ailleurs n'allèrent point devant les tribunaux, les maisons étaient disparues, des commerçants étaient décédés.

La maison Lacaussade, vingt-deux commerçants avec la maison Gavault, M. Gauthier de Rautaunay et la liquidation Lebeaud père, fils et Cie intentèrentseuls ces procès. Le dernier dure depuis 1881 et n'est point encore terminé. Il a fallu se heurter à la mauvaise volonté de l'administration, qui refusait de communiquer les archives. Les expertises duraient de longues années et, en l'absence d'éléments suffisants, n'étaient point acceptées par les tribunaux, qui faisaient procéder à de nouveaux suppléments d'expertise, jamais terminés. La liquidation Lebeaud, a qui il est dû 701.485 fr. 98, poursuit encore aujourd'hui le recouvrement de sa créance.

Toutes ces difficultés ont trait, bien entendu, à la période antérieure à 1866, et, depuis le sénatus-consulte de 1866, qui a déterminé plus nettement le fonctionnement de l'Octroi de mer, l'importance de la question n'est plus la même. Néanmoins, l'Octroi de mer a donné lieu, dans les nouveaux pays qui l'ont adopté, à de nouveaux procès, au cours desquels la Cour de cassation a maintenu les principes qu'elle avait constamment affirmés.

Quel qu'ait été l'esprit de ceux qui ont introduit l'Octroi de mer dans les colonies ; quelles qu'aient été les opinions des divers gouvernements qui se sont succédé, il s'agit bien d'une taxe douanière sous l'apparence d'un octroi municipal, analogue à ceux de la métropole. Il serait à souhaiter, qu'en se conformant aux décisions de la Cour de cassation, le Parlement donne enfin une réglementation définitive qui donne toutes garanties et qui ne soit point susceptible d'entraîner, pour les colonies, les regrettables conséquences que nous avons constatées.

CONCLUSION

Limitée aux trois colonies de la Martinique, de la Guadeloupe et de la Réunion, l'étude de l'Octroi de mer offrait cependant un grand intérêt. Car les autres colonies qui l'ont adopté depuis, la Guyane, l'Inde, la Nouvelle-Calédonie, Saint-Pierre et Miquelon, le Sénégal, les possessions de l'Océanie n'ont pu que profiter de l'expérience acquise. C'est au début de son application que toutes les difficultés se sont rencontrées. Il est né avec la disparition du pacte colonial qui pendant plusieurs siècles avait été le régime économique des colonies. L'émancipation coloniale lui avait permis de se développe·, et aujourd'hui encore il reste une des principales ressources des pays où il s'est introduit. Il leur a été d'un concours précieux dans toutes les circonstances difficiles qu'elles ont eu à traverser.

L'ère n'en est pas close.

Leur dette est encore loin d'être éteinte et les efforts qu'elles font pour l'amortir ne rencontrent pas toujours l'accueil qu'ils mériteraient de la métropole.

La fin du XIX° siècle, le commencement de celui-ci ont vu s'ajouter au domaine colonial de la France de vastes pays riches, fertiles, à l'aménagement desquels nous devons consacrer tous nos efforts. C'était hier Madagascar. Aujourd'hui c'est le Maroc.

Lorsqu'il est permis de voir les progrès accomplis par la civilisation française dans toutes ces contrées ; quand il est permis de contempler sur les anciens marais fiévreux de Madagascar, des villes toute modernes, aux rues larges, spacieuses, aux boulevards merveilleusement entretenus, aux quais où s'entassent les marchandises de toutes sortes ; quand partout se construisent des routes et des chemins de fer, comme celui de Tamatave à Tananarive et que, sur les routes à peine achevées, des services automobiles sont lancés à travers la montagne et la brousse ; quand on assiste à ce spectacle vraiment réconfortant d'une ville comme Djibouti, sortant du sol sous la baguette d'une fée civilisatrice et rejetant au loin la cabane sordide du Somali, qui, seule autrefois, recouvrait la région ; quand dans ce petit coin du monde encore ignoré, le commerce français prend en dix années un développement inimaginable ; quand on a le bonheur d'être le témoin de tout cela, il est permis de clamer la vertu bienfaisante et toujours grandissante de la France. Et le regret, bien naturel, vient alors de comprendre qu'en revanche l'attention se détourne de pays plus lointains, moins vastes, aussi riches, qui, depuis de longs siècles, ont vécu avec nous nos espérances et nos détresses.

Que ce soit dans le régime politique ou le régime économique, leurs besoins sont les mêmes. Ils demandent que la métropole soit soucieuse des intérêts particuliers qui peuvent être les leurs et que pour tout ce qui les concerne, comme pour l'Octroi de mer, que nous avons spécialement étudié, les avis et les réclamations des colonies ne restent point lettre morte. Elles réclament qu'une législation, solidement assise, détermine nettement leurs droits et sauvegarde leurs intérêts Elles y ont droit.

Elles n'ont point encore démérité de la France.

Vu : *Le Doyen,*

P. CAUWÈS.

Vu : *Le Président de la Thèse,*

LESEUR.

Vu et permis d'imprimer :

Le Vice-Recteur de l'Académie de Paris,

L. LIARD.

BIBLIOGRAPHIE

ARNAUNÉ. — Le Commerce extérieur et les tarifs des Douanes.

DE MENERVILLE. — Législation algérienne.

ESTOUBLON ET LEFÉBURE. — Code de l'Algérie.

PERREAU. — Le Régime commercial des colonies 1903.

STOURM. — Le Budget, 1re édition.

GIRAULT. — Précis de Législation coloniale.

LÉON SAY. — Dictionnaire des Finances.

DALLOZ. — Jurisprudence générale.

DUVERGIER. — Collection complète des Lois, Décrets.

Compte-rendu des Séances du Conseil général de la Réunion (collection complète).

Le Moniteur de la Réunion.

Les Annales du Sénat et du Corps législatif.

Journal Officiel.

Bulletin Officiel colonial : Guadeloupe.

    —   —   Martinique.

    —   —   Réunion.

TABLE DES MATIÈRES

CHAPITRE II

CHAPITRE III

CHAPITRE IV

Paris. — Librairie ARTHUR ROUSSEAU, Editeur.